加藤 崇
*Kato Takashi*

# 未来を切り拓くための5ステップ

## 起業を目指す君たちへ

新潮社

For Miyuki, Emi, Ayano, Kotaro and Anne

# 目　次

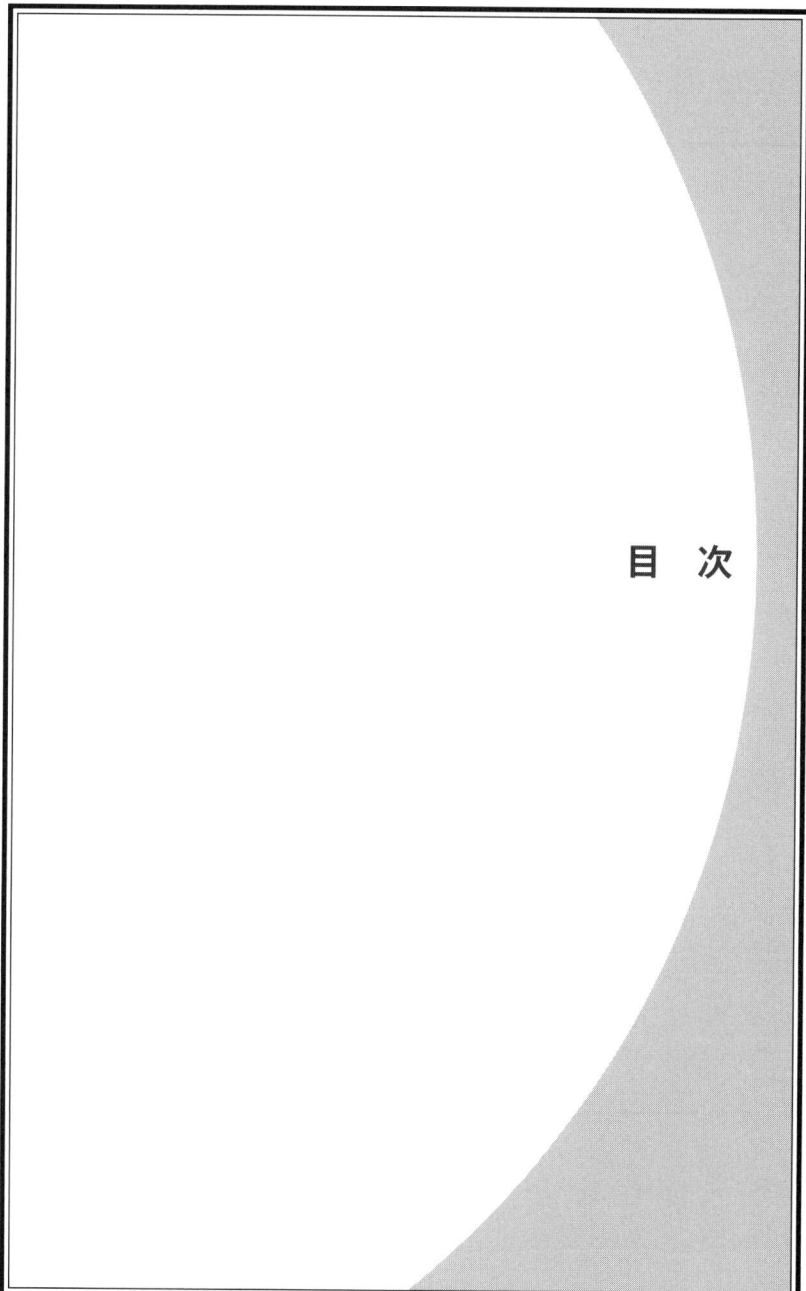

目　次

## 第4章　どうやって会社を大きくするのか？

## 【扉《とびら》の言葉《ことば》について】

ジム・クラークは僕のヒーローだ。僕と同じく母子家庭に育ちながら、高校を退学になって海軍に入った後、数学の才能を認められ大学の教員に転身、その後三八歳という年齢で起業家としてデビューし、シリコングラフィックス、ネットスケープコミュニケーションズ、ヘルシオンという全く分野の違う三つの会社を立て続けに創業し、上場させた。そのどれもが一〇億ドル（一〇〇〇億円）以上の時価総額となり、彼は大富豪の仲間入りを果たした。この本の各章の扉では、成功の階段を登るごと、ジム・クラークの発言にどのような変化が訪れたかをお伝えしたい。反骨心を武器に、腕一本で時代を切り拓くということは、こういうことなのだという良き実例として。

# 未来を切り拓くための5ステップ

## ――起業を目指す君たちへ――

# 第0章

# はじめに

「ママ、ぼくはプレーンビューの連中の鼻を明かしてやるからね」

（ジム・クラーク：海軍の兵役を終えて帰ってきたとき、母に言った言葉）

# 本編に進む前に伝えておきたい　いくつかのこと

「もしもし、いま東大にいますか？　さっきの電話の件、やっぱり今から行くので、直接会って話しましょう。五時にはそちらに行けると思います」

自宅に到着するとすぐにアポイントメントの電話を入れた。ゴールデンウィーク真っ最中の二〇一二年四月二九日、初夏のように日差しがまぶしい暖かな一日だった。その二時間ほど前、僕は外出先で当時東京大学の助教だった中西雄飛さんから電話をもらっていた。できるだけ早く中西さんに直接会って話をしなければならない。お互いに顔を見て話をするのが良いだろう。まずは彼らの率直な胸の内を聴こう。そして僕の思っていることも全て伝えよう。電話の中でいつもは明るく情熱的な中西さんの声は、ひどく沈んでいた。

「昨晩の、加藤さんからのメールを読みました。資金調達が後ろ倒しになる可能性があると書いてありましたが……、僕たちが投資を受けられないという可能性もあるのでしょうか？」

緊張しながら発せられる一言一言に、中西さんのえも言われぬ不安感が滲《にじ》んでいた。不安になるのも無理はなかった。その前週の二三日、中西さんと、同じ研究室で助教を務めていた浦田順一さんの二人は東大に退職願を提出し、技術者としては全く未知の世界である、ベンチャー企業の創造に乗り出したばかりだった。

ベンチャー企業を立ち上げる際に資金調達のスケジュールが遅れることはよくある。しかし、彼らにとっては、これが人生で初めての資金調達なのだ。だから、しっかりと説明しなければならない。今日これからの話は、とても重要な話になる。僕は足早に自宅を後にした。


二〇一二年の初め、東京大学で世界のトップを走るヒト型ロボット技術を研究していた二人の若き助教が、大学からスピンアウトしてベンチャー企業を始めたいと言っているので相談に乗ってあげて欲しいと、高校時代の友人経由で依頼を受けた。学生時代、僕は早稲田大学の理工学部で応用物理を専攻していた。いつか大学に戻ってロボット工学で博士号を取ることが夢だったこともあり、このテーマにはそもそも興味があった。

友人の引き合わせで、中西さんと浦田さんに面会したのは、二〇一二年三月のことだった。当時二人は三一歳と三〇歳。彼らより三、四歳ほど年上で、しばらくビジネスの世界で生きてきた僕にとって、二人は風変わりな若者に見えた。何より、友人のオフィスで初めて会った中西さんの第一印象は、あまりに強烈だった。体重八〇キロ程度の丸々と立派な体格に、ド派手なサッカーユニフォームを着て、レンズが傷だらけの小さなメガネをかけ、髪とヒゲは伸ばし放題。その風貌《ふうぼう》とは裏腹《うらはら》に、繊細な側面も持ちあわせているのか、会議室の椅子に座ったまま緊張した面持ちでこちらを見つめ、額からは大汗を流している。ところが一度話を始めると、自分の情熱を自分で抑えきれないかのように、話のテンションは急速に勢いを増していき、止まるところを知らない。よく響く甲高いトーンの声で、周囲の人間の注意を惹《ひ》きつけながら話す様子は、徐々に大きさを増すハリケーンのようだった。しかも、一言一言を爆発させるように発音するので、彼との会話はまるで花火大会のようでもあった。

一方の浦田さんは、同じくメガネをかけてはいるが、身体は極めてスリムで、顔は青白く、いかにも研究者といった風貌だ。物静かではあるが、こちらが話したことに対して、本質的な質問を投げかけてくる様子には、検事のような鋭さがあった。今回二人が始めたいというヒト型ロボットベンチャーでは、浦田さんが長年研究してきたヒト型ロボットを原型にして実用化のための開発を進め、中西さんがビジネス全体を統括していくつもりだという。この二人には、最初から単なるオタクではないという印象があった。存在そのものに、自信に裏打ちされた、力強さが満ち溢《あふ》れていたのだ。話していくうちに嫌味が無く、本当に良い奴らだと思った。僕は単純に、この素敵な二人の若者が気に入った。そして面会を終える頃には、この二人の力になろうと心に決めた。

僕には若い頃から、いくつかの会社を経営した経験があり、またベンチャーキャピタリスト（将来性のある起業家や未公開企業に資金提供とともに起業・経営のノウハウを提供し、利益を得ようとする投資会社をベンチャーキャピタルと呼ぶ。またベンチャーキャピタルの中で、実際に投資活動を行っている個人をベンチャーキャピタリストと呼ぶ）としての顔も持ち合わせていた。そんな僕が、彼ら技術の天才たちに対してできることと言えば、彼らの持つ技術を上手にビジネスに仕立て上げた上で、必要な資金を調達し、一緒になってビジネスを展開してあげることだ。

さきほどの電話の中で、僕は中西さんの不安を和らげることに気を使いつつも、一方で彼らには、彼らの持つ技術をどうやってお金に換えていくのかといった事に関して、一層の柔軟性を持つように働きかけていた。

「資金調達に関しては、今のところ、二、三社当たってみて、旗色が悪いというだけの話です。ただし、少なくともこれまで面会したベンチャーキャピタルは、どういうわけかヒト型ロボットという事業には興味が無いと言っています。出資者の意向を無視するわけにいかないのも事実ですから、二人の技術をお金に換えていく方法を再検討する必要があるかも知れません」

インターネット企業と違い、ヒト型ロボットの開発・製造には相当なお金がかかる。入口の資金調達が成功しなければ会社を立ち上げるのは難しい。しかし、まさにその肝心な資金調達が難航していた。

　僕は当初、自分がアドバイザーを務めていたベンチャーキャピタルを含め、いくつかの投資会社から共同で投資してもらう形で資金を集めようと考えていた。アドバイザーを務めていたベンチャーキャピタルには数週間前から既に声をかけており、東大の助教二人がスピンアウトするヒト型ロボットベンチャーに投資してくださいと、かなり強引なやり方で口説いていた。その結果、まだ非公式ではあるものの、前週の二四日には出資に関する大筋の了承を得ていた。

　だが、サイズが大きくないベンチャーキャピタル一社で投資できる金額には限界があることを考えると、先頭を切ってリスクを取ってくれる、より大型のベンチャーキャピタルをこの土俵に引き込んでこなければならない。ヒト型ロボットビジネスを本気でやるなら、最終的には五〇億、一〇〇億のお金がかかる。その入口を作りこむというだけでも、かなりの額の資金調達が必要だった。小型のベンチャーキャピタル一社単独で支えるなんて、とてもできない。

　少しお金を投資したとしても、一度ロボットを作り始めれば、このベンチャーは半年程度でお金を使い果たしてしまう。実用可能なヒト型ロボットを作ろうとすれば、少なくとも一、二年の準備期間が必要で、その間はただただお金が湯水のごとく流れていく。その間に資金が途絶えてしまえば、会社は倒産してしまう。そして、会社が倒産し、投資したお金が消えて無くなれば、ベンチャーキャピタルとしては損が出るのだ。僕は僕で、自分がアドバイザーを務めているベンチャーキャピタルに損をさせるわけにはいかないという事情もあった。

彼らが開発したヒト型ロボット技術の詳細を聞いていた僕は、この技術の可能性に確信を持っていた。彼らの持つ技術は間違いなく超一級だった。こんなに素晴らしい技術ならば、お金が集まらないはずはない。そもそも、ベンチャーキャピタルとは、高いリスクに対して投資をする機関じゃないか――。

資金調達などのファイナンス業務に明るかった僕は、この件に関しては当初から自信があり、楽観視していた。ところが、僕が国内のベンチャーキャピタルを三社回った時点で、そのどれもが投資はできないと回答してきたのだった。

三社のベンチャーキャピタルが指摘したポイントはどれも似たようなものだった。ヒト型ロボットの市場など、まだまだ立ち上がるものではない。要素技術（その製品を成り立たせている技術。根幹となっている技術のこと。ヒト型ロボットで言えば、センサー、モーター、ギヤ、それを動かすソフトウェアなどの技術のこと）に優れたものがあるなら、ヒト型ロボット全体を作るなどと大風呂敷を広げないで、まずは三年でも五年でも、その要素技術だけを売る方法を考えて欲しい。そうすれば、この優れた技術を使って、かなり早い段階でお金が入ってきますよ、というのだ。

しかし、この要求は二人にはまったく受け入れ難かったに違いない。彼らの目標はあくまで、実用可能なヒト型ロボットを世界に先駆けて作ることなのだから。そのためなら大学を辞めることすら厭《いと》わないという彼らの覚悟は、僕もよく分かっていた。それでも、資金が集まらないことにはどうしようもない。

もちろん、僕は今後も二人の技術の素晴らしさとその可能性をアピールし続けるつもりだが、一方で彼らにも資金の出し手であるベンチャーキャピタルの意向をある程度理解してもらう必要がある。彼らを説得するのは相当骨の折れる仕事で、とても電話で済む話ではない。直接二人と話をする必要があった。

---

東京メトロ南北線の東大前駅から出て、彼らの研究室がある東大工学部二号館に向かう道すがら、いつもの自動販売機でペットボトルの緑茶を三本買い、中西さんに電話をした。二号館内のSUBWAY前で待っていた二人は、僕が東大まで足を運んだことに、ありがとうございますと、丁寧に礼を言った。工学部二号館には、すでに何度も見学に来ていたが、この時は二人がいつも寝泊まりしながら研究しているという別の部屋に案内された。近代的ではあるが、窓一つ無く、無造作に工具などが散らばった研究室には、重苦しい空気が流れている。僕は椅子に腰掛けると、ゆっくりと二人に向かって話を始めた。

「話の概要は、さっき電話で話した通りです。想定外といえば想定外ですけれど、技術をお金に換えていく方向性について、現時点でベンチャーキャピタルの理解を得られていないという状況です。確かに、実用可能なヒト型ロボットを開発して実際に販売するまで、準備期間も含めるとまだまだ時間がかかるでしょう。二人の中には、ヒト型ロボットの実用化開発に着手する前に、まず要素技術を切り売りしてお金を稼ぎ、その後にヒト型ロボットにビジネスの主軸を移していくという選択肢はありませんか？」

二人の技術者の表情は固い。

「僕たちは、ベンチャーキャピタルの人たちが言う、要素技術を切り売りするという話に、どうしても興味が持てないんです。僕たちが東大の助教を辞めて事業を始める目的は、思い切って自分たちが考えるベストのヒト型ロボットを作るということだからです。いま僕たちが持っている技術は、世界でトップを走っていると思っています。ただ、現在アメリカやフランスなどは巨額の予算をつぎ込んでこの分野を開拓しています。だから二、三年で追いつかれる可能性も否定できません。それを考えると、要素技術をお金に換えている間に、世界から、僕たちにしかできないヒト型ロボットの優位性が無くなってしまうのではないかと不安です。今現在の僕たちなら、これまで誰も見たことがないような、実用可能なヒト型ロボットを作ることができるという自信があります。それをすぐさま自分たちの会社で実現したいんです」

中西さんはストレートにそう答えた。二人とも、ヒト型ロボットを作るんだという、強い意思の固まりだった。話の切り口を変えながらも、長い押し引きが続いた。

中西さんの言いたいことは分かる。僕も研究者なら同じことを言っただろう。ただ、ベンチャー企業を始めたいのであれば、目の前にある現実を直視しなければならないことも事実だ。ここはこのベンチャーの方向性を決める非常に重要な局面なので、僕も中西さんに対して、全力でぶつかっていった。

「まだ何社か当たっただけなので、確かなことは言えません。ただ、今日この時点では、お金が集まりそうにないんです。中西さんが、もし本当に起業家としてヒト型ロボットベンチャーをやりたいのであれば、ここはタフにならなければならないところだと思います。ナイーブなことを言っている場合じゃない。二人が、すぐにヒト型ロボットを作りたい気持ちは分かる。だけど、お金が集まらなければ何も始まらない。ベンチャーも立ち上がらない。中西さんが、ベンチャー企業の社長として、親友の浦田さんにヒト型ロボットを思う存分作らせてあげたければ、ベンチャーキャピタルの意見を一部取り入れるなどして、まずはとにかくお金を集めなきゃだめなんです」

その前日、資金調達に苦戦しているという僕からの一報を受け、二人が一緒に会社をつくろうと以前から呼びかけていた古いロボット技術者仲間からは、出資を見合わせたいと二人に連絡が入っていた。徐々に、資金調達の条件と、中西さん、浦田さんが心からやりたいことに、折り合いがつかなくなってきていた。その問題を僕が解決してあげる必要があった。

「資金調達については、いずれにしてももう少し時間がかかると思います。一つひとつの交渉が不発に終わる可能性は常にあるので、二人の生活費などを考えた場合、少し時間稼ぎが必要になるかも知れません。ちょっとトリッキーな話に聞こえるかも知れないけれど、二人の中に、いったん東大に出した辞表を取り消すという選択肢はありますか？」

資金調達に思ったより時間がかかってしまう場合、東大の助教を潔《いさぎよ》く辞めてしまうことで、二人は生活に困ってしまうのではないか。僕はこうした現実的な問題が気にかかっていた。中西さんはしばらく沈黙した後、ゆっくりと話し始めた。

「東大への辞表を取り消すのは、正直言って、微妙なところです。こちらも大学の専攻長から本当に良いのか？と言われて、ある程度覚悟した上で退職願への受領印をもらっているので、これで取り消してくれと申し出て、資金調達の状況によってはまた辞めますというのでは、格好がつきません。僕たちは実家住まいだし、毎日コンビニ弁当で生活しているので、今の貯金で生活費はしばらく何とかなると思っています。東大を飛び出してヒト型ロボットのベンチャーを作るということに関しては、その結果がどうなろうと、僕と浦田君は腹をくくっているんです」

中西さんの眼差しには揺るぎない「覚悟」が宿っていた。僕の目の前で、何か不思議なことが起こっているようだった。研究者たるもの、みな最後は日本の最高学府である東大の教授になりたいと願うものではないのか。ところが、この二人はそんなものに全く興味がないようだ。複雑に利害関係が絡《から》まり、潔い生き方をすることができない人が多いこの世の中で、どうして彼らは、こんなにも潔い決断ができるのだろうか？　この二人の情熱や楽観性は、いったいどこから来るのだろうか？　何か、僕には見えていないものがあるのだ。それが、ただのカラ元気でないことだけは、確かな気がした。

僕は、彼らが持っている技術について、もう一回最初から、一つひとつ丁寧に確認をしていった。目の前にいる浦田さんは、ヒト型ロボットのジャンルでは、世界でも指折りの技術者と言われている。では、何がそんなにすごいのだろうか？　人間が前後左右から思いっきり蹴飛ばしても転ばない下半身ロボットを、ニュース番組やＹｏｕＴｕｂｅなどの動画サイトでご覧になったことがある読者も多いだろう。本田技研のヒト型ロボットＡＳＩＭＯでもかなわない、その強い足腰を持ったロボットは、浦田さんが開発した要素技術によって実現されたものだ。僕は、中西さんと浦田さんから詳細な話を聞きながら、浦田さんが持つ技術が他に類を見ないものだということを改めて確信した。

僕も、大学では応用物理を専攻していた人間なので、技術の概要を聞けば、それが本物かどうかくらいは直感で分かる。浦田さんが過去に発明したオリジナリティ溢れる技術の数々は、いずれどのヒト型ロボットメーカーも導入せざるを得ない中核技術になるだろうと思った。それは自転車を自動車に変えてしまうかのような、ケタ違いに優れた技術だ。もしかすると、東大の先生を辞めてベンチャーを始めようと言う彼らの楽観性は、ここから来ているのかも知れない。世界で通用する、極めてオリジナリティの高い技術。彼らには、それを自分の腕一本で開発したという揺るぎない自信があるのだ。

「技術の世界では一〇年に一回しか起こらないようなことがあります。浦田君の作った回路はそれに該当すると僕は思っているんです。こういうことを、イノベーションというのだと思います」

日本の大企業が巨額の予算と人材をつぎ込んで必死に開発に取り組んだものの、完成させるには至らなかった技術が、僕の目の前に座る、眼鏡をかけた青白い顔のやせ細った若者には実現できるというのだ。中西さんは、そんな浦田さんを研究者として心から尊敬していた。そして二人は、本当に仲の良い、無二《むに》の親友でもあった。それが技術の話であれ何であれ、いつも一人が何か言うと必ずもう一人が気の利いた言葉を返した。何度も何度もそれを繰り返し、最後には二人とも大笑いする。かつてアップルコンピュータ（現アップル）社を設立した二人の若者、スティーブ・ジョブズとスティーブ・ウォズニアックが、コンピュータの基板を抱えて仲良くたたずむ写真が頭をよぎった。二人のチームワークがあれば、どんな困難だって乗り越えられるかもしれない。僕は改めてそんな気持ちに駆られていた。

確かに、ベンチャーキャピタルの言っていることにも一理あるだろう。僕だってMBAコースの学生の頃は、小さい事業から大きな事業へ、ステップ・バイ・ステップで事業を展開していく方法を学んだのだ。経営者として数社の経営に携《たずさ》わった経験からも、不用意に大風呂敷を広げることの危険性は十分認識してきた。企業再生のスペシャリスト、プロの経営者として親身にアドバイスをしたにもかかわらず、倒産の憂《う》き目《め》にあった経営者を数多く見てきた。その度に、なぜ重要な局面で彼らに、もっと合理的な判断を下させることができなかったのかと、肩を落としたこともあった。一度重大な決断をしてしまうと、後戻りできないビジネスというものの性格を、恨んだこともあった。

僕の話術と説得力をもってすれば、ヒト型ロボットなどと言わずに、要素技術を中心にビジネスをスタートさせなさいと、この二人を説き伏せることもできただろう。ヒト型ロボットを中心に据えて資金調達をしていくのは現時点で極めて困難で、この先もずっとこの困難が付きまとう。そして資金調達は、中西さん、浦田さん、僕の三人の中では、当然僕にしかできない。この先ずっと、僕は断りのパンチでめった打ちにあうだろう。もし、要素技術で行けば、資金調達はぐっと簡単になる。少し妥協すれば、とりあえず彼らにビジネスをスタートさせてあげられる。しかし……。

僕の気持ちは、全く逆の方向に向かっていた。単純に、日本が生んだこの二人の天才と技術を、世界に向けて直球勝負で投げてみたいと思った。ベンチャーキャピタルの言っていることはごもっともだが、こちらには世界一の技術、そして情熱がある。こちらにも十分すぎるほどの理があるのだ。マウンドに立って、直球勝負してみたい。こうなったら、思い切って投げるだけだ。

このまま二人の意思を曲げて、要素技術ビジネスに取り組んだとして、何が起こるだろうか？　少しばかり金が儲かるかも知れない。だが、日本にとって、僕たちにとって、それをすることに、何の意味があるだろう？　将来、この件に関して弱気な決断をしたことで、後悔をしたくなかった。そして何より、この二人の青くさい野心、ヒト型ロボットへの純粋なまでの情熱を大切にしてあげたかった。

僕は、唸りながら、頭の中で何度も何度も二つの相反《あいはん》する考えの間を行き来した。何が正しいのだろうか？　自分はどうしたいのだろうか？　自分は彼らに何をしてあげたいのだろうか？　この問いに、そもそも正しい答えなどあるのだろうか？　無機質な空間の中で、長い沈黙が続いた。気づくと、僕の口から、自然と言葉が溢れ出していた。

「二人の気持ちは……、良く分かりました。要素技術をお金に換える話は後回しにして、ヒト型ロボットに賭《か》けましょう。ベンチャーキャピタルへの説明の仕方は僕が考えます。ヒト型ロボット事業の有望さをさらに詳しく説明するための資料が必要になるので、まずは力を貸してください。

それと……、この方針を取ったことで、万が一、他のベンチャーキャピタルからの協調投資が得られなくとも、僕がアドバイザーを務めているベンチャーキャピタルからは、僕のリスクで必ず単独の出資を取りつけます。たくさんお金が集まらないかも知れないけれど、二人には、ヒト型ロボットの試作機を作れるだけのお金を、何とか集めたいと思います」

「えっ、それでいいんですか……」

中西さんからも声が漏れる。

「だけど、もしこの先、ヒト型ロボットのビジネスが三年経っても立ち上がらない場合には、要素技術を使ってビジネスをするということを、僕に約束してください。これから投資をしてくれるかも知れない人たちを、絶対に裏切らないこと。三年後、もしヒト型ロボットの事業がズタズタになったとしても、まだ会社が生きているのであれば、要素技術を使ったビジネスを始めて、これを軌道に乗せて、投資家に恩返しをしてください」

　三時間以上の長い押し引きを経て、三人ともクタクタになりながら、なんとか今後の方向性について合意した。「ありがとうございます」と中西さん、浦田さんは頭を下げた。

「まずは五月八日に会う予定になっているベンチャーキャピタルとのミーティングに向けて、資料を修正しましょう。ヒト型ロボット事業がよく見えるように、工夫をする必要がある。今日の晩にでも僕から質問を投げるので、まずはもっと情報をください。僕は僕で、説得力のある統計データなどを集めておきます」


　僕の中でも覚悟は決まっていた。ここまできたら、やるしかないのだ。たとえ他のベンチャーキャピタルから出資を受けられず、僕がアドバイザーを務めているベンチャーキャピタルからの単独出資になってしまったとして、入口で十分なお金が集まらなかったとしても、前に進もう。二人にヒト型ロボットの試作機を作らせることで、たった半年でお金が消えて無くなってしまう前に、僕がもう一回資金を集めるために駆けずり回れば良い。行く先でお金が集められなくて、半年で会社が倒れれば、アドバイザーの仕事はクビになるだろう。でも、二人は東大の助教を辞めて、こうしてリスクを取った。僕だってリスクを取るべきだ。もとより、片道切符には慣れているじゃないか。そうやって経営者としてのキャリアを積んできたのだから。

何より僕にとって明白だったことは、日本にはまだこんなにも素晴らしい若者がいると、僕自身が心の底から納得していたことだ。技術の天才たちが自分の人生を賭けて、必死で羽ばたこうとしている。僕も、この二人に賭けてみたいと思った。長い話し合いを終え、二人の表情は徐々に明るくなっていた。呼吸は徐々に穏やかになり、頬《ほほ》には赤みが差している。しばらくの沈黙の後、中西さんは僕に向かって静かに言った。

「僕たちは、失うものはないと思っています。ただ、加藤さんはこんなに色々と動いてもらって、他のベンチャーキャピタルからもお金が集まらず、最後の最後に事業が起ちあがりませんでしたでは、申し訳ない気がします」

彼の心根《こころね》の良さが滲み出ている言葉だった。中西さんという人には、純粋な人間だけが持つ、人を惹きつける魅力のようなものがあった。

「大丈夫、きっと、何とかなりますよ」

そう言って僕が励《はげ》ましたのは、彼らだけではなく自分自身でもあった。

---

二〇一二年、ゴールデンウィーク最中のこの日、この瞬間に、何かが変わり始めた。僕たちは、強い情熱と大きな高揚感《こうようかん》の渦の中にいた。気づけば、僕たちはさらに一時間半、合計四時間半も話し込んでいた。僕たちを取り巻く環境は、四時間半前と何も変わってはいない。ただ、僕たちの心のありようは、この時間を超えて大きく変わっていた。ミーテ

ィングを終える頃には、中西さん、浦田さんは、これ以上ないくらい穏やかな表情に変わっていた。一人ひとりの覚悟が、現実の見え方に変化をもたらしたのだ。最後に、一週間でプレゼンテーション資料を修正するためのハードワークに取り組むことを誓って、僕たちは別れた。

帰り道、東大工学部二号館から、東京メトロ南北線の東大前駅にひとり歩く途中、僕に暖かい風が吹いた。不思議と足取りは軽く、街路樹の色や輪郭《りんかく》、見るもの全てが春の生命力に溢れているようだった。この先、日本の技術ベンチャーを取り巻く現実が、僕たちを受け入れるかは分からない。だが、それでもなお、僕たちは始めよう。

そして二〇一二年五月一五日、僕たちはヒト型ロボットの開発・製造会社である、株式会社ＳＣＨＡＦＴを設立した。中西さんが代表取締役ＣＥＯ（最高経営責任者）、浦田さんが取締役ＣＴＯ（最高技術責任者）、そして僕が取締役ＣＦＯ（最高財務責任者）に就任した。

会社を設立した後も、僕たちはベンチャーキャピタルを回り続けた。「面白い技術ですね」「ヒト型ロボットもここまで進んだのですか」などという感想は得られるものの、結局どこのベンチャーキャピタルも、出資をしてはくれなかった。しかし、僕たちに足踏みをしている時間は無かった。僕は二人に約束した通り、自分がアドバイザーを務めていたベンチャーキャピタルからの単独出資を受ける方向に一気にかじを切り、出資を取りつけた。この他、いわゆる「エンジェル」と呼ばれる個人投資家からの出資などを加え、八月末には第一回の資金調達を実行し、何とか形を作ったが、僕がこのタイミングで集めようと考えていた金額には遠く及ばなかった。とはいえ、これで試作機を一体作ることができると、中西さん、浦田さんは手放しで喜んでくれた。

入口で多くのお金が集まらなかったものの、結果としてSCHAFTは半年で潰《つぶ》れはしなかった。その後、研究開発の資金について米国からの補助金を受けることができたのだ。DARPA（米国国防総省高等研究計画局）が、ヒト型ロボットを次なる重点開拓テーマとして採択すると発表し、SCHAFTはこれに応募した。この審査を通過したことで、補助金を受けられることが決まったのだ。二〇一三年末と、二〇一四年末の二回に亘り、福島原発の廃炉を想定したタスクをヒト型ロボットに行わせるという競技会（DARPAロボティクス・チャレンジ）に参加することを条件に、SCHAFTに対して潤沢《じゅんたく》な研究開発予算が投下された。

もちろん、軍によるロボット開発支援を懸念する声があることは分かっている。しかし、一方でこのDARPAがインターネットやGPSなど、現在の産業の基盤となる重要な技術を開発してきたことは否定できない事実だ。しかも、福島原発の事故処理という日本が抱える最大級の難問に対応するための技術開発支援への応募を、躊躇《ちゅうちょ》する理由はなかった。

　むしろ僕は、アメリカという国の、常に自国を中心として新技術や新産業を生み出そうというたくましさが、何も民間だけでなく、行政においても発揮されていることに、ただただ感心した。


　そして、二〇一三年一一月一三日、ＳＣＨＡＦＴは米国のＧｏｏｇｌｅに買収された。会社を設立する直前、迫り来る不安の中で覚悟を決めたゴールデンウィークのあの日から、一年半しか経っていなかった。ハードウェア分野における日本のベンチャー企業が、設立からこんな短い間に米国シリコンバレーに本拠を置く大企業、しかもＧｏｏｇｌｅのような勢いのある企業に買収されるなんて話を、それまで僕は聞いたことがなかった。

　オープンイノベーション（大企業が自前で技術開発をするのではなく、外部のベンチャー企業を買収することで、目的の技術を獲得すること）という名の下で、大企業がベンチャー企業を買収する事例が数多くあるベンチャー先進国アメリカにおいて、自分が始めたベンチャーが最終的にＧｏｏｇｌｅやアップル、マイクロソフトに買収されることは、起業家にとって最高の名誉とされている。僕たちの会社ＳＣＨＡＦＴが、ヒト型ロボットというまだ夜明け前の新しい分野で、ベンチャー史に名前を刻《きざ》んだことは明らかだった。一二月四日、米ニューヨーク・タイムズ紙の報道を皮切りに、米ウォール・ストリート・ジャーナル紙、英ファイナンシャル・タイムズ紙、英ＢＢＣなど世界中のメディアがこぞってこの買収を伝えた。

買収の話が持ち上がった時、僕はその他全ての仕事を断り、四か月もの間、平均睡眠時間四時間で必死に米国Ｇｏｏｇｌｅ本社とのＭ＆Ａを取りまとめた。株式の売却によって中西さんや浦田さんは大金持ちになると同時に、リスクを取ってＳＣＨＡＦＴに入社してきてくれた技術者たちとともに、Ｇｏｏｇｌｅの潤沢な予算のもと、好きなだけヒト型ロボットを開発できる環境を手に入れた。同時にベンチャーキャピタルとエンジェル投資家は高いリターンを手にし、ＳＣＨＡＦＴに関わった全ての人がこのニュースに拍手を送った。まさにこれは、日本の技術者たちに舞い降りたシンデレラ・ストーリーだった。日経産業新聞によると、Ｇｏｏｇｌｅの企業買収で日本の企業が対象になるのは初めてであり、そういう観点からも、この買収報道は日本国内でも大きなニュースとなった。こうして僕たちが設立した株式会社ＳＣＨＡＦＴの第一幕は大成功で幕を閉じた。

さて、僕たちが設立した株式会社ＳＣＨＡＦＴという会社に、一体何が起こったのだろうか？　それを知るための手がかりが、この本にはある。思い返せば、僕がこの本の元になる原稿を執筆したのは二〇一一年のことだった。この本は、僕がかつて日本でベンチャー企業の社長を務めながら、米国シリコンバレーの起業家、ベンチャー企業、ベンチャーキャピタルといったものを研究して書き溜《た》めた膨大なメモが元になっている。日本ではまだ普及していなかったこうしたベンチャーや起業に関するノウハウが、日本経済再生の起爆剤になるであろうと確信していた僕は、それを分かりやすい形で日本の若者に伝えようと、書籍用の原稿にまとめていたのだ。

その後、執筆者本人である僕が、入口から深く経営に関与することになったSCHAFTで実際に起こったことは、米国シリコンバレーで技術系のベンチャー企業が始まって成功を収めるまでの標準的な形に極めて近いものになった。起業に関する体系的なノウハウについては、この書籍の第1章から第5章までをじっくり読み進めていただくとして、ここでは一つの〝ケーススタディ〟としてSCHAFTが成功に至るまでの主なポイントを書籍の内容を横断する形でいくつか挙げてみたい。

まず、何を置いても、中西さん、浦田さんという二人の技術者に、大学を飛び出すという覚悟があったことだ。それは冒頭のエピソードを読んでいただければ分かってもらえると思う。一〇年にも亘る研究生活の末、東京大学での将来のポストを捨てて、ベンチャー企業を始めることを決断するには、相当逡巡《しゅんじゅん》したに違いない。しかし最後は情熱が背中を押したのだろう。二人にとってそれは、他ならぬヒト型ロボットへの想いだった。

彼らはロボットが好きで好きでたまらなかった。最初に二人に出会ったときのことを思い返しても、それが言葉の端々《はしばし》、行動の端々からにじみ出ていたのをはっきりと覚えている。大学に残ったとしても、年々縮小傾向にある大学の研究予算では、自分たちの好きなようにロボットを作ることはできないし、大企業に就職すれば、ヒエラルキーに凝《こ》り固まった文化の縛《しば》りがあって、自分たちが好きなようにはやらせてもらえない。だからこそ二人は、自分たちでヒト型ロボットのベンチャー企業を始めてしまおうという結論にたどり着いたのだ。この考え自体は極めてシンプルなのだが、要は、純粋なるオタクとしての興味・関心に加え、ビジネスの世界に触れてみようという二人の冒険心が、大学を飛び出すという結果につながっているのだと思う。

そして、二つ目のポイントは、技術者である中西さん、浦田さんと、経営者である僕が巡《めぐ》り逢《あ》ったことだ。米国シリコンバレーで一九七六年に誕生し、最終的には時価総額四兆円にまでなった、遺伝子工学企業のGenentech（ジェネンテック）社も、ハーブ・ボイヤーというカリフォルニア大学の研究者と、当時失業中だったボブ・スワンソンという若き経営者との出会いによって始まった。米国シリコンバレーでは、技術者と経営者が出会うことによって、これまで商業化されてこなかった分野の技術が一気に開花し、新たな市場を創造していくことが多い。日本ではまだあまりなじみがないケースではあるが、こうした人間と人間の化学反応によってもたらされる価値は、実は非常に大きいのだ。

ベンチャー企業の経営に明るかった僕と、新進気鋭《しんしんきえい》の技術者である中西さん、浦田さんが出会ったところに、ＳＣＨＡＦＴの成功ストーリーの始まりがあると言っていいだろう。会社を設立した直後、僕はＳＣＨＡＦＴのビジネスプランを書き、二人と一緒に数々のベンチャーキャピタルをまわった。結果として、当時僕がアドバイザーを務めていたベンチャーキャピタルと、エンジェル投資家から資金を調達することになった。

面白いことに、ジェネンテック社がスタートするタイミングでも、同様のことが起こっている。ボブ・スワンソンは、自分が元々所属していたベンチャーキャピタルから資金調達を行なったのだ。これは偶然ではなく必然だといえる。ベンチャー企業というものは、極めて属人的な性格を有するもので、個人の信用によって結果が一八〇度変わってしまうものであるという良い例だろう。僕は自分の全信用を賭けて、自分と関わりのあったベンチャーキャピタルから出資を取りつけた。ＳＣＨＡＦＴには、こういうことができる人間が必要だったのだ。

---

このあたりで、この本の著者である僕についても少し話をしておこう。なぜ僕はＳＣＨＡＦＴのようなベンチャーを産み、育て、Ｇｏｏｇｌｅに売却することができたのだろうか？　僕はいったいどんなキャリアを持った、どんな人間なのだろうか？　自分のことを客観的に表現するというのは非常に難しい。しかし、端的に表現するならば、僕はプロの

経営者であり、投資家ということになる。

　これはどういうことかというと、例えば、ここに何らかの理由で、社長を交代して欲しい会社があったとする。原因はともかくとして、会社がうまくいっていないので、経営者を交代させるしかない。そんな会社に代理の社長として入っていって、向こう半年から一年半くらいの間でやることを決めて、会社を立て直していくことができる、そんな人間だ。そういうプロの経営者は日本ではまだほとんど存在していないが、アメリカやヨーロッパでは、プロフェッショナルな職業として、市民権を得ている。日本で同じような仕事をしている人としては、日産自動車を立て直したカルロス・ゴーンさんや、ＪＡＬ（日本航空）を立て直した稲盛和夫《いなもりかずお》さんなどが有名だ。

　さらに、こうした経営力をもとに、再建途上、または成長途上にある会社に投資をして、高いリターンを得ているという意味で、僕は投資家としての顔も持っている。

　振り返れば、僕はプロの経営者として腕一本・知恵一つで生きていくための技術を、一〇年かけて企業再生の現場で学んだ。ＳＣＨＡＦＴの中西さんが一〇年かけてヒト型ロボット技術者としての腕を磨《みが》いたのと同じく、僕は一〇年という月日をかけて、プロの経営者としての腕を磨いたのだ。

　僕が自分の会社（加藤崇事務所）を作る前は、高級小売スーパーの成城石井や、日本最大の焼肉チェーンである牛角を傘下に持っていた持株会社に外部から入り、執行役員を務めていた。その頃僕は、中西さんがSCHAFTを始めた年齢と同じ、三一歳だった。この会社全体が大きな経営難に陥っていて、事業とファイナンスが複雑に入り組んでいる中、どうやって会社を再生していくのかということを考え、実行するのが僕の仕事だった。それより前には、赤字続きで瀕死の状態に陥っていたベンチャー企業に、外部から社長代行として入っていって、立て直したこともある。だいたい一年半から二年くらい時間をかけて、赤字の会社を黒字まで持っていく。

パッと話を聞くと簡単なことのように聞こえるかも知れないが、そこはまさに人間と人間がぶつかり合う経営の修羅場《しゅらば》であり、大抵の人は一日で逃げ出してしまいたくなるような、想像を絶する環境だ。経営学の教科書通りにはまったく進まない、むき出しの現実を毎日経験することを通じて、ベンチャー企業を取り巻くダイナミックな環境の中では、大企業を経営するようなやり方は全く通用しないということを、僕は肌身《はだみ》で学んでいった。

そしてこの頃の経験こそが、この本を執筆するきっかけになった。時々刻々《じじこっこく》と状況が変わるという環境の中では、経営学の教科書に書いてあるようなテクニック的なことが、全くと言っていいほど役に立たない。人間としての基本的なものの考え方も含めて、より根源的なところにある、変化に対応するコツのようなものを摑《つか》んでいなければ応用性に欠け、スピード感のある状況変化についていけないのだ。改めて振り返ると、僕がこの時期に書きためたメモの半分、そしてこの本に書いたことの多くは、ベンチャー企業を経営していく際に必要となる、「不確かな状況を進む技術」についてのものだった。

そもそも僕は早稲田大学で応用物理を専攻し卒業した後、東京三菱銀行（現在の三菱東京ＵＦＪ銀行）で銀行マンとしてのキャリアをスタートした。銀行を退職して、ＫＰＭＧの日本法人で企業再生に関するコンサルティング業務に従事し、その後、オーストラリア国立大学でＭＢＡを取った。英語圏の中でも流行のアメリカではなく、なぜオーストラリアを留学先に選んだのかとよく聞かれるが、ここにも理由がある。まず何より人と同じところに行きたくなかった。人と同じことをしたくなかった。勝ち馬に乗りたくなかった。そういう僕の性格の表れだ。笑ってしまうかも知れないが、これは本当の話なのだ。

そして、何よりその頃は、アメリカ流のビジネスの進め方そのものに反発を覚えていたのだ。留学した二〇〇五年以前に、すでにアメリカの投資銀行のビジネススタイルを仕事の現場で見ていた僕には、こんな強欲《ごうよく》で自分勝手なやり方が長続きするとは到底思えず、周囲の人間に、こんなやり方はいずれ破綻《はたん》すると話して回っていた。そして〇八年、リーマン・ブラザーズの破綻をきっかけに、アメリカ経済が自身の経済モデルの再考を迫られたのは、ご存知の通りだ。

後から考えると、こうして留学先にオーストラリアを選んだことは、自分のモノの考え方に自信を持つきっかけにもなった。今でも、他人がどう言おうと、目の前にある現実を自分の目で見て、そこから自分の頭で未来を予測することが重要だと思っている。念のため書き添《か》《そ》えるが、やがてベンチャー企業に身を置き、米国シリコンバレーについて研究していた僕は、アメリカ西海岸の寛容《かんよう》かつ先進的で自由な雰囲気、それらが醸《かも》し出す偉大さに気づかされ、逆にアメリカが好きになった。

話を戻そう。ファイナンスからキャリアをスタートし、留学を経て、徐々に経営者としてのキャリアに移っていったのは、結果として良かったと思っている。そうでなければ、ベンチャーキャピタルにも縁がなかっただろうし、ＳＣＨＡＦＴの入口の資金調達や、出口としてのＭ＆Ａを、自分の腕一本で行うことはできなかっただろう。

もっとも、プロの経営者としての基本的な素養である、組織をまとめ人を導く力は、外資系企業や海外留学で培われたものではない。僕はそうした能力を大学時代の柔道部での経験で身につけたと思っている。

早稲田大学には古くから、理工学部生のための柔道部である理工柔道部があり、僕は三年生のときにその主将を務め、全日本理工科学生柔道優勝大会の団体戦で、良い成績を残すことができた。もちろん、多くの尊敬すべき先輩や、愛すべき同期と後輩に恵まれたからこそ、こうした成果を達成できたことは言うまでもないが、毎年一回戦負けのチームを大会で上位に食い込ませた手腕は大いに評価された。僕にはプレイヤーとしてよりも、監督としての才能があったのだろう。

今にして思えば、僕には大きな目標をセットした上で、それを具体的な項目として、階段状にして仲間たちに示す能力があった。組織をマネジメントする際には、大胆な目標をセットする力と、それを細かく実現していく緻密《ちみつ》さの両方が必要だが、僕はこの二つを、概念と数式を行き来しながら進む物理学を専攻することによって学んだ。そして、僕が他の人と最も違うのは、人を勇気づける才能に恵まれたことだ。大胆な目標をセットした後、階段を登りたい意思があるのに、どうしてもその勇気が持てない人、失うことや敗《やぶ》れることを恐れる人たちに、寄り添い、語りかけ、自分の本当の力や可能性に気づかせる。勇気を振り絞って小さな成功を経験させることで、その成功がさらに大きな成功を呼ぶという現実社会を経験させ、その人がもともと持っていた枠組《わくぐ》みを大きく超えさせる。

こうした才能は、時として自分よりも大きな相手と戦わなければならない柔道ではもちろん、小さな組織で大企業と戦わなければならないベンチャー企業においても、力を発揮するものだ。僕のこの才能は、教師やメンター（八八頁参照）としての才能と言っても良い。これは母から受け継いだ最も貴重な才能の一つだ。僕の場合は幼い頃から、女手一つで僕を育ててきた母という生きる見本のような存在が身近にあったので、あまり努力することなくこれを身に付けることができた。しかし、おそらくこうした才能を大人になってから獲得するのは、とても大変なことなのだろう。その意味では僕は幸運だったのかもしれない。そして、それを身に付けさせてくれた、今は亡き母に心から感謝している。

ＳＣＨＡＦＴ成功の主なポイントに話を戻そう。僕たちが成功した理由がもう一つあるとすれば、それは多くの人々の惜《お》しみない支援を得られたことだ。僕たちの情熱は、多くの人たちを巻き込むことに成功した。ヒト型ロボットの伝道師《でんどうし》として、僕たちはこのベンチャーが創造するであろう近未来について、周囲に語り続けた。僕たちの自信たっぷりの語り口調に、素晴らしい！と大声をあげる人もいれば、眉《まゆ》をひそめる人もいた。幸か不幸か、僕たちは、熱狂的なファンと、僕たちのことが大嫌いな人を生み出したのだ。

僕たちが会社を始めた当初、もちろんオフィスなどを借りるお金もなかった。だが、目黒でＩＴベンチャーをやっていた僕の友人が快くオフィスを無償で間借りさせてくれた。Ｓ会社のロゴは、これまた僕の高校の友人が描いてくれた。さらに多くの友人・知人が、ＳＣＨＡＦＴの成長に必要な人的ネットワークを提供してくれた。注目すべき点があるとすれば、こうした支援をしてくれた人のほとんど全てが、大企業という旧来の日本の枠組みを離れ、既に自分の腕一本で活躍している人たちだったことだ。僕はこの現象が単なる偶然ではないと思っている。これが、今後の日本における産業創出や育成、日本経済成長のヒントとなっていると思うので、少し触れておこう。

ＳＣＨＡＦＴの成功は、これを別の角度から眺めたとき、結果として、そして明確に、「日本の旧態依然とした経済・社会システムに対するアンチテーゼ」となっていた。あまり大きな声では言わない方がいいかもしれないが、やっぱりひと言、言っておきたい。

世界を見渡したとき、ＳＣＨＡＦＴが持っていた技術が極めて優れていることは明白だった。少なくとも僕には、ここに資金と人材を投入すれば、大きく開花するであろうことを予見することはできた。しかし、結果として、当初話を持っていった全ての日本のベンチャーキャピタルは、この投資に尻込みをした。産業育成を目的としているはずの政府系のベンチャーキャピタルも同様だった。また、この技術、このベンチャーを中心として、日本からヒト型ロボット産業という新産業が生まれる可能性を示唆《しさ》する丁寧な資料を作って、中央官庁にも持っていったが、結果として支援を得ることはできなかった。大企業の新規事業部門も、このベンチャーへ関与することに躊躇した。

今から思えば、面白いくらいに日本の経済・社会システムが、このベンチャー企業が持っていた本当の意義や価値に気づかず、バットを振ることなく見逃し三振をしていったのだ。目の前にあるありのままの現実を受け入れ、未来を自分たちの力で手繰り寄せるのではなく、前例を求めて逡巡する旧態依然とした経済・社会システムでは、常にアメリカのようなフロントランナーの後塵《こうじん》を拝することになってしまう。

ＳＣＨＡＦＴが生まれる瞬間から、ＳＣＨＡＦＴをＧｏｏｇｌｅに売却するまでの一連の旅路《たびじ》を経験したことで、日本経済再生のヒントに関する、僕の自信は確信に変わった。なんのことはない、それは元々自分がこの本に書いたことだったのだ。

僕が書きたかったのは、旧態依然とした経済・社会システムから飛び出し、個人の力を最大限に発揮して生きる方法論だった。僕はかつて、ベンチャー企業を経営しながら、起業や社長業というものには、成功の可能性を高めるための「ある種のパターン」があることを発見した。これは万人に当てはまるとは言わないまでも、大企業に憧《あこが》れる若者の二、三割くらいには、大企業サラリーマンや公務員として働くよりも充実した人生をもたらす方法論となるのではないかと思ったのだ。日本の大学生や大学院生、研究者、はたまたサラリーマンであっても面白いアイデアを持つ「変わった人たち」にこの方法論が野火《のび》のように広がるのであれば、日本はもっと自由で豊かになっていくのではないか。

そう考えて僕はある日、未来ある若者たちにそれを伝えようと、仕事の合間を縫《ぬ》ってコツコツとそのパターンをノートに書き溜めていった。それが集まり、この本となったのだ。

---

ここで本書誕生のストーリーについても説明しておきたい。実は、本書の出版とＳＣＨＡＦＴの成功には類似点がある。本書の元になった原稿は、僕がかつて自費で出版したものだ。僕は長年、講演などの機会を得ると必ず、日本経済再生の切り札は、日本から新事

業、新産業を生むことなのだと訴えてきた。しかし、言うだけでは伝わらないので、自分がベンチャー企業の社長や、いくつかの企業の経営に携わって得たノウハウ、米国シリコンバレーを研究して得た知見を文章としてまとめ、書籍として安価に社会に提供しようと考え、二〇一一年にいくつもの出版社を回った。しかし、SCHAFTの資金調達と同じく、どの出版社も、「起業というテーマでは部数が伸びない」「無名の著者ではインパクトがない」の一点張《いってんば》りで、この書籍の内容や、この書籍が社会的に果たす役割について深い理解を示してはくれなかった。

もちろんSCHAFTの資金調達と同様、僕は全然諦《あきら》めなかった。僕は自力で当時経営難だった印刷・製本会社のクライアントを見つけてきて、経営改革のコンサルティングをする代わりに、僕が書き溜めた文章を書籍にして、一〇〇〇部製作してもらうようにお願いした。装幀《そうてい》や文字組も広告関連のデザインを手がける友人に頼んで、市販の書籍のようにきちんと仕上げた。さらに、自分の個人事務所名で出版者としての登録を済ませ、書籍コードを取って、Amazonで売りさばいたのだ。

僕自身が様々な機会に宣伝することで、一〇〇〇冊あった書籍はドンドン売れていき、自費出版の本でありながら、一年半で一〇〇〇冊が売り切れた。その頃に自費出版した本がHONZ成毛眞さん（元マイクロソフト日本法人代表）の目に止まった。成毛さんは、もっと多くの人にこの本を読んでもらうべきだといって、新潮社の編集者の方を紹介してくれた。話はトントン拍子に進み、大幅に加筆修正した上でこの書籍の出版に至った。今回は新聞に広告を出した上で、ネットだけではなく、全国の書店でも販売してもらえる。何よりうれしいのは、それにより、さらに多くの人たちに本書を手に取ってもらえることだ。その意味で、僕個人としてはSCHAFTがGoogleと出会ったのと同じ感動を覚えている。

日本経済再生のヒントに話に戻そう。

東日本大震災や民主党政権末期の混乱のために、どん底に陥っていた日本経済は、安倍晋三政権成立以来の円安と株高によって一息ついた形となっている。さらに、二十年以上続いてきた「失われた時代」からの脱却へと向けて、アベノミクスはいよいよ正念場を迎えようとしているが、その成否は三本目の矢である成長戦略にかかっているといっても過言ではない。僕が注目しているのは成長戦略の最も中心的なテーマとして、「世界に勝てる若者」の育成が掲《かか》げられていることだ。

日本国民にとって経済活動というのは、雇用を拡大し、生活水準を維持・向上するための重要なエンジンであることは言うまでもない。天然資源に乏しい日本のような国が、新たな成長により経済活動を活性化させるためには、日本が世界と比べて未だ優位性を保っている科学技術を中核とするのが、最も効率的だというのは自明の理だろう。

要は、この分野を中心として、起業する若者を増やしていくことだ。

すでに述べてきたように、何事においても成果を出すためには、大胆な目標をセットする力と、それを細かく実現していく緻密さの両方が必要だ。そういう観点からいえば、アベノミクスが日本の成長に関する概念をセットしたことは評価すべきだろう。しかし、それを実現する個別具体的なプランが無ければ、かけ声だけで終わってしまうに違いない。

そうさせないためには、Ｗｈａｔ（何をやるか？）だけではなく、Ｈｏｗ（具体的にどうやるのか？）を社会に提供することが必要となる。僕たちが始めたベンチャー企業ＳＣＨＡＦＴの成功は、まさにその格好の実例ではないだろうか。

そのＳＣＨＡＦＴを成功に導いた具体的なノウハウは、基本的にはすべてこの書籍に書かれているものだ。そういう意味で、本書はアベノミクスの成長戦略における三本目の矢、すなわち、起業により「世界に勝てる若者」を生み出すための教科書的存在になると自負している。

この本の内容は最初に原稿を書いた三年前よりも、まさに今の日本に必要とされている。そう考えて、もう一度、皆さんにお届けしたい。本書は、ベンチャー企業を始めたいと思っている起業家だけではなく、ベンチャー企業を取り巻く環境にいる人たちにもぜひ、手にとってもらいたい。それにより、日本が持っている本当の資源が活《い》かされるようになることを期待している。

それだけではない。自分には起業など最初から無理だと思っていた人々が、僕が自費出版した本書の旧版を読んでビジネスの世界に巣立っていった。読み物として楽しんだ人、副業を始めた人、人生を賭けて挑戦することに決めた人。それぞれの人生に、それぞれの読み方がある。そもそも起業なんて、難しくてよく分からない。でも頭の片すみで、ほんのちょっとだけ、自分を変えたいと思っていた人たちが、この本を手に取ってくれた。一ページ目を開いた瞬間は、半信半疑、まだよく分からない。でも、一日かけて本を読み終わる頃には、不思議と胸が熱くなる。

「自分にもできるような気がした」「この本に、生きる勇気をもらった」「やってみなければ分からない」――。

こうした感想の数々を胸に、みんな笑顔になって、この本を卒業していった。

たかが本だと、思わないで欲しい。そんな都合のいいノウハウなど、世の中に転がってはいないのだと決めつけて、自分で自分の可能性に蓋《ふた》をしないで、ぜひ素直な気持ちで読んで欲しい。

この書籍で語られる内容の多くは、「起業すること」についてかも知れないが、その背後に潜《ひそ》むメッセージは、「偶然を受け入れ、自分らしく生きよう」ということにある。旧版の読者からもらった感想文の多くに、「勇気」や「希望」といった言葉がちりばめられているのには、この書籍が「ビジネス書」としてのみならず、「自分らしく生きるための参考書」として社会に受け入れられた証拠なのかも知れない。そういう読み方をしてくれれば、著者として嬉しい限りだ。

最後に、この書籍の内容と構成について少し話をしておこう。

この書籍は、できるだけ僕が自分で経験してきたことからの洞察に加え、米国カリフォルニア州シリコンバレーにおける起業家（英語ではアントレプレナーと呼ぶ）たちの豊富な成功事例や、まだ日本では邦訳されていない起業家のスピーチを引用するなどして、読者の納得度を高くしようとは思っている。とはいえ、正直これを読んでピンとくる人もいるだろうし、こない人もいるだろう。ピンときた人は今すぐにでも走り出して欲しいし、たとえピンとこなかった人でも、ある時期が来ればピンとくるということもある。行く先のビジネスの現場などで壁にぶつかったときにでも、ふと思い出してもらえるならば、それでいい。

この書籍の基本的なコンセプト（僕がこの書籍を書いた目的）は、全ページを端から読み進めていけば、ピンと来る若者なら「何とか起業まで漕《こ》ぎ着けられる」内容を日本社会に提供することだ。そこで起業を以下のような枠組みで整理して、話を進めていくことにする。それは、

**1．いつ始めるのか？　なぜ始めるのか？**
**2．誰と作るのか？　何を作るのか？**
**3．誰に、どうやって売るのか？**
**4．どうやって会社を大きくするのか？**

という四つの問いに各々答える形で話を進めていき、最後に、起業をするにあたって忘れがちになるけれども、その旅路の中で、折に触れ思い出して欲しい項目として、

**5．いつも覚えておきたいこと**

をお届けしたい。そして、この書籍を最後まで読み終わったとき、起業するということ、ビジネスを始めるということについて、一通りのことが分かっている状態、早い人ならもう走り始めている状態をゴールにしたい。

さあ、冒険の扉を開こう。特に若い人に読んでもらえるよう、全編を通じて専門用語を極力使わず、平易な文章で書くことを心がけたが、分かりにくいところはどんどん読み飛

ばして構わない。とにかく最後まで一気に読み進めることをお奨《すす》めする。この書籍の内容を僕の講演で聞いた若者たちの中には、僕に感想文を送ってくれる人も多い。そこにはいつもこう書いてあるのだ。

「私にもできるかもしれないと思いました」

と。

**追記**：二〇一三年一二月二一日、米国フロリダ州マイアミで開催されたDARPA ロボティクス・チャレンジ・トライアルズで、SCHAFTがNASA（アメリカ航空宇宙局）やMIT（マサチューセッツ工科大学）のチームを押さえ、見事一位になった。世界中のヒト型ロボット関連の研究機関や企業がこぞって参加したこの大会で優勝したことで、この分野において、SCHAFTが間違いなく世界一の技術を持っているということが証明されたのだ。僕は現地に応援に駆けつけて、結果を目の前で確認し、喜びはしたが、驚きはしなかった。そうなるとずっと信じていたのだから。SCHAFTの成功までの物語については、この本ではなく別の機会に形を変えて記すつもりなので、楽しみにしていて欲しい。

# 第1章

# いつ始めるのか？　なぜ始めるのか？

「ぼくはいつか年に五万ドル（五〇〇〇万円）稼いでみせる」
（ジム・クラーク：海軍から帰ってきて伯父に言い放った言葉）

## 世界を変えた起業家たち

ロバート・ノイス、スティーブ・ジョブズ、ミッチ・ケーパー、ジム・クラーク、ジェフ・ベゾス、ピエール・オミダイア、ラリー・ペイジ、マーク・ザッカーバーグ……。誰の名前だか分かるだろうか？　これらは皆、この数十年の間に、僕たちの生活を、ある日まったく違うものに変えてしまった人たちの名前だ。**人は彼らのことを起業家《アントレプレナー》と呼ぶ。彼らは自分たちの知識やアイデアをもとに、ビジネスを通じて人々の生活をより良いものに変えたという意味で、「発明家」ではなく「起業家」と呼ばれているのだ。**彼らの熱意や野心、そして使命感のおかげで、僕たちの生活がより良いものになったことは間違いない。

ロバート・ノイスは僕たちが使っているパーソナルコンピュータに必ずといっていいほど入っている中央演算処理装置（ＣＰＵ）を作ったインテル社の創業者だ。インテル社はロバート・ノイスとゴードン・ムーアが半導体メーカーとして一九六八年に設立した。彼らが始めた会社が作った素晴らしいＣＰＵのおかげで、僕たちのコンピュータは動き（様々なものを計算し）、僕たちの生産性を向上させてくれた。

スティーブ・ジョブズを知っている人は多いだろう。アップルコンピュータ社の創業者だ。一九七六年にスティーブ・ジョブズとスティーブ・ウォズニアックによって創業されたアップルコンピュータ社は、世界で初めて、個人が自宅の机の上で使うことができるサイズのコンピュータ（パーソナルコンピュータ）を作った会社だ。スティーブ・ジョブズはパーソナルコンピュータを生み出すだけではなく、後にｉＰｏｄ《アイポッド》やｉＰｈｏｎｅ《アイフォーン》などといった携帯端末を生み出した人物としても記憶に新しい。

ミッチ・ケーパーは今のエクセルの原型になった表計算ソフト（数値データの集計・分析を行うソフトウェア）の草分けである「ロータス１《ワン》‐２《ツウ》‐３《スリー》」（八〇年代、このソフトウェアを使うためだけにＩＢＭ社のＰＣを購入する人たちが急増したというくらいに有名なソフトウェア）の生みの親だ。ミッチ・ケーパーはジョナサン・ザックスと二人で、ロータス・デベロップメント社を一九八二年に創業した。彼のおかげで僕たちは、コンピュータを使って、仕事をはるかに効率的に進めることができるようになった。

ジム・クラークは高性能コンピュータを開発するシリコングラフィックス社を創業したことでも有名だが、何といっても世界で初めて僕たち個人が使えるような、テキストと画像を同一のウインドウ内に混在して表示できるインターネットブラウザ（ウェブページをディスプレイに表示するソフトウェア）を作ったネットスケープコミュニケーションズ（当時はモザイクコミュニケーションズ）社を、マーク・アンドリーセンと創業したことで有名だ。それは、一九九四年のことだった。この素敵なインターネットブラウザが誕生しなければ、僕たち個人がインターネットに触れる機会はもっとずっと後のことになっていたに違いない。

ジェフ・ベゾスは一九九五年に、ウェブページ上に、オンライン書店を運営するアマゾン（当時はカダブラ）・ドットコム社を創業した。それまで書籍といえば駅前か大きな道路沿いに出かけなければ買うことができなかった。そして田舎にいればいるほど、大きな書店が少ないという理由で、若者が書籍に触れる機会が少なかったが、ジェフ・ベゾスのおかげで、僕たちはインターネットを通じて、世界中どこにいても、毎日世界最大のオンライン書店で本を眺めることができるようになった。

同じく一九九五年、ピエール・オミダイアは、インターネットによる通信販売やインターネットオークションを手掛けるイーベイ（当時はオークションウェブ）社を創業した。日本ではあまり聞かないイーベイ社の名前だが、世界ではイーベイを使ってオンラインで通信販売を楽しむ人や、日本のヤフーオークションのような形で、色々なものをオンライン上で売買する人たちがたくさんいる。

ラリー・ペイジは今では誰もが使っている検索エンジン「Ｇｏｏｇｌｅ」を開発した人物だ。優れた検索エンジンのおかげで、僕たちは日本にいても世界中のほとんど全ての文献などを検索できるようになった。一九九八年にセルゲイ・ブリンと二人で創業された同名のグーグル社は、検索エンジン以外にも、無料Eメールサービスのジーメールや、動画投稿サイトのＹｏｕＴｕｂｅ、地図検索サイトのグーグル・マップや、世界中の衛星写真が見られるグーグル・アースなど、多くの驚きと利便性を我々に提供してくれた。

マーク・ザッカーバーグはソーシャル・ネットワーキング・サービス（ＳＮＳ）であるフェイスブックを作った人物だ。同名のフェイスブック社を二〇〇四年に創業したとき、彼はまだ大学生だった。オンライン上で友人や知人などと情報交換（日記や写真などの投稿）ができるフェイスブックは日を追うごとにさらに進化していて、今後も僕らの人間関係のあり方を大きく変えていくことになるのだろう。

**米国には開拓者精神というものがあり、リスクを取って生きることを奨励する文化がある。米国カリフォルニア州を中心とする西海岸には特にその傾向が強い。大学を卒業する学生の中で、最も優秀な者たちは自分で起業してビジネスを始め、次に優秀な者たちが大企業へ就職するという。**起業して成功すれば、金銭的にも報われることが多い。事実、二〇一三年秋の時点で二九歳のフェイスブック創業者マーク・ザッカーバーグの個人資産は一九〇億ドル（一兆九〇〇〇億円）なのだそうだ。

しかし、起業家がビジネスを生み出すことの社会的なインパクトにも注目すべきだ。フェイスブックの従業員は約二〇〇〇人だが、ビジネスや雇用というものには波及効果があり、メリーランド大学の試算によると、米国内だけでフェイスブックが生み出した雇用は約二〇万人、世界を含めるとさらにこの一〇倍くらいの雇用を生み出しているということになる。その数約二〇〇万人。たった一つの会社から、波及効果も含めると、二〇〇万人の雇用が生まれるのだ。**いま日本人に最も必要とされている力は、賢いリスクを取ってビジネスを始める力、すなわち起業家精神（英語ではアントレプレナーシップと呼ぶ）に違いない。**

ここで一つの疑問が持ち上がる。名前を挙げた起業家たちは特別な人たちなのではないか？と。**君たちは生まれも育ちも違うから、彼らと同じようなことはできないだろうか？そんなことはない。彼らは生まれつき金持ちだったわけでも、特別な教育を受けたわけでも何でもない。**この事実はあまり強調されることはないが、あえて触れておこう。

スティーブ・ジョブズは、まだ彼を生んだときには学生だった産みの親から里子に出され、育ての親に大学に入れてもらったものの、この大学を中退。しばらく後、スティーブ・ウォズニアックとアップルコンピュータ社を創業した。学校を中退した頃はお金が無く、ずっと友人の寮の部屋に寝泊まりしていたそうだ。彼はコンピュータが大好きだったが、大学でコンピュータ科学を専攻したわけでも何でもなかった。

ジム・クラークは一〇代の頃両親が離婚して、母に引きとられた。貧しい母子家庭に育ち、母親の月給は二二五ドル（二万二五〇〇円）、食費に回せるお金は月々五ドル（五〇〇円）がやっと。極貧の生活の中、問題を起こして高校を退学になり、海軍に入った。そこから大学に入り直して、やっとつかんだ大学の准教授《じゅんきょうじゅ》の職を投げ打って、三八歳でシリコングラフィックス社を創業した。この歳までに二度の結婚と離婚をし、その後、ネットスケープコミュニケーションズ社を起ち上げ、いくつもの偉業を成し遂げた。今では数千億円以上を持っている大金持ちだ。

**新しいビジネスを始めて起業家になるためには、学歴も、職歴も、カネも、コネもいらない。だから、若いうちに、自分の人生の中で「起業する」という選択肢を持とう。**君は、自分で自分を社長にするのだ。それは、周りのみんなが大企業のサラリーマンを目指していく中で、自分は違う道を歩むと決めるということだ。米国スタンフォード大学工学部の起業家育成コースで教えているティナ・シーリグはこう言っている。

従来の考え方に閉じこもり、ほかの可能性を排除するのは、信じがたいほど楽なものです。周りには踏みならされた道にとどまり、塗り絵の線の内側にだけ色をつけ、自分と同じ方向に歩くよう促す人たちが大勢います。これは、彼らにとってもあなたにとっても快適です。彼らにとっては自分の選択が正しかったことになり、あなたにとっては簡単に真似できる秘訣が手に入るのですから。

**けれども、こうしたやり方は、人をがんじがらめにします。……常識を疑う許可、実験する許可、失敗する許可、自分自身で進路を決める許可、そして自分自身の限界を試す許可を、あなた自身に与えてください。**

**（ティナ・シーリグ［＊1］：著者による加筆再・構成）**

日本人に、起業をして、自分で自分を社長にするという選択肢があるのだということを知ってもらいたい。それは自分でビジネスを始めるということ。**誤解を恐れずに言えば、自分で自分の会社の名刺を作って、社長と書けば、その日から君は社長になれるのだ。**では、どうやってビジネスを始めればいいのかについては、大丈夫、僕がこの書籍で教えるから。

## 起業家の三類型「オタク型」「生活型」「使命型」

そもそも、人はなぜ起業するのだろうか？　なにしろ、起業して会社を経営していくということは、充実した日々を送る一方で、大変なことも多いのだ。自分で始めてしまった以上、責任を他人のせいにはできないし、従業員を雇ったら、彼らを食べさせていかなければならない。時には休日も仕事に追われ、学生時代の友人が子供を連れてショッピングを楽しんでいる間に、自分は妻と息子を妻の実家に預け、一人寂しくお客さん開拓のための企画書を書かなければならないかも知れない。

では、なぜ人はそれでも起業するのだろうか。**僕は自分でもベンチャー企業を経営し、さらに色んな起業家を見たり調べたりしてきて、起業家たちが起業するに至った理由を三つのパターンに分類できることに気付いた。**それは、以下の三つだ。

１：「オタク型」
２：「生活型」

## 3：「使命型」

**一番目の「オタク型」の人たちは、あまりにもある事が好きなので、毎日そればかりやっていたい、もしくは自分が好きな事を周りの人にも分かってもらいたくて、それをビジネスにする人たちのことだ。**オペレーティング・システム（コンピュータのシステム全体を管理するソフトウェア）の Linux（リナックス）を作ったリーナス・トーバルズも、プログラムを書くのが好きでたまらなくて、寝食を忘れてプログラミングに勤《いそ》しんでいるうちに、リナックスに到達してしまった。

アップル社を創業したスティーブ・ジョブズも、友人と小さなコンピュータを自宅のガレージで作って楽しんでいるうちに、友人から自分にも譲《ゆず》って欲しいとたくさん注文が入るようになって、アップルコンピュータ社を起こして、大量生産を始めたと言っている。スタンフォード大学卒業式のスピーチでスティーブ・ジョブズが語った言葉は印象的だ。

---

**私がここまで挫《くじ》けずにやってこられた理由はただ一つ、自分の好きなことをやってきたからなのだと思います。皆さんも、何より自分の好きなことを見つけてください。それは恋人を見つける時と同じくらい、仕事を見つける時にも大切なことなのです。学校を卒業すれば、やがて仕事は皆さんの人生の大半を占《し》めるよ**

---

うになります。だから、自分の人生に心から満足したいと思うなら、自分が素晴らしいと思える仕事をするしかない。そして、素晴らしいと思える仕事をするためには、自分が好きなことをやるしかないのです。

　もしそれがまだ見つかっていないならば、探し続ければいい。安易《あんい》に妥協をしないことです。……気になるかも知れないけれど、他の人が考えたこと、その結果に惑わされてはいけないのです。人の意見を聞いているうちに、自分の心の声をかき消されないようにしてください。そして何より、自分が正しいと思ったこと、自分の直感に従う強い勇気を持ってください。

（スティーブ・ジョブズ［＊２］：日本語訳は著者）


**二番目の「生活型」というものは、日々の生活を成り立たせるためにビジネスを始める人達のことだ。**これは「金持ちになりたい」と強く願う人たちも含む。ただ「金持ちになりたい」という言葉にも色々あるのだ。この言葉には、金というものに心底興味があるという場合もある一方で、起業して成功して、いったんある程度の量のお金（毎日寝るところがありご飯が食べられるほどのお金）を手に入れた上で、自分の好きなことをやりたいという場合も含まれているだろう。「生活型」の起業家で有名な例は自然原料をベースにした化粧品メーカーであるザ・ボディショップを創業したアニータ・ロディックだ。彼女はかつてインタビューでこんなことを言っている。

ザ・ボディショップの初期の成功について話をすると、それは毎日生活をしていくためのお金、つまり週に三〇〇ポンドを稼ぐこと以外の何ものでもなかったのです。それは、私の夫であるゴードンが南米に単身赴任していた二年間、残された家族が生活をしていくためには仕方のないことでした。だから私は今でも、(生活に密着しているはずの)ビジネスというものを錬金術《れんきんじゅつ》のように捉《とら》えることができないのです。

三〇〇ポンドを手に入れるために、こんなアイデアがあるけれど、自分には何ができるだろう?と考えていただけなのです。そしてもし土曜日になって三〇〇ポンドが手元に無かったときは、バスケットに全ての商品を入れて近隣の家々を回りました。週に三〇〇ポンド、これだけを目標にしていました。

(アニータ・ロディック[*3]:日本語訳は著者)

アニータ・ロディックはその後、事業と並行して環境活動と児童福祉活動にも熱心に取り組んだ。

**三番目の「使命型」というのは、そのビジネスが好きかどうかや、そのビジネスで手に入るお金の大小とは関係なく、ある使命感に導かれてビジネスをスタートする人達のことだ。**二〇一〇年にハリソン・フォードが出演して話題になった映画「小さな命が呼ぶとき」をご存じだろうか。難病の子供を持ったビジネスマンの父親が、子供の命を救いたい一心でそれまでのキャリアを投げ打って未知の医療業界に飛び込み、その後バイオベンチャーを創業して幾多《いくた》の困難の末に自ら新薬を開発して子供を救うことに成功するという話だ。これは実話をベースにした映画なのだ。父親であるジョン・F・クラウリーはその手記の中でこう言っている。

---

**二人の子供たちがどちらもポンペ病に罹《かか》っていて数か月の命だと聞かされたとき、私たちはこの不治《ふち》の病に負けないことを誓った。それは、自然の流れ、時の流れに逆らう、ということだった。……**

**病気の進行を止められるかはわからなかったけれど、とにかく数年、数十年経って振り返った時に、二人の子供たちや二人を愛してくれる人々に対して、あの時こうしておけば良かった、もっとできたかもしれない、と思いたくはなかったんだ。……**

**そこで私たちはリスク、それも大きなリスクを取ることにした。二〇〇〇年三**

---

月に大手製薬会社のマーケティングの仕事を辞め、ある研究者と小さなバイオテック・ベンチャー、ノバザイム・ファーマシューティカルズ社を立ち上げたんだ。その会社はポンペ病の治療法開発に特化した会社だった。……

一年半で会社は百二十人のスタッフを抱えるようになり、世界最大のバイオテック企業の一つジェンザイム社に買ってもらうことができた。そしてこの企業の一部となってから、たくさんの紆余曲折《うよきょくせつ》と何百人もの人々の努力の末に、ポンペ病の治療薬が開発されたんだ。……そしてこの薬が、病による致死性《ちしせい》の心肥大《しんひだい》を治し、子供たちの命を救ったんだ。

（ジョン・F・クラウリー［＊4］）

こうして三パターンを見てみると、起業家と言われる人たちは、だいたいこうした分類に収まってくることが分かるだろう。

## 周りとの比較に答えはない。目の前に広がるチャンスをしっかりつかもう

多くの技術系ベンチャー企業が日々生まれていることで有名な米国シリコンバレーで、珍しく結婚マッチングサイト「eHarmony（イーハーモニー）」の前ＣＥＯとして大成功したグレッグ・ワードルフという人物がいる。

イーハーモニーは心理学の研究に基づいて科学的に男女の相性を分析し、結婚相手を紹介するのだそうで、米国では、なんと毎日平均五四二人がイーハーモニーでめぐり合ったパートナーと結婚しているという実績があるそうだ（これは、米国で一日あたりに結婚するカップルの約五％に相当する）。彼がベンチャー企業を始めようと思ったとき、大学の卒業式で教授から言われた言葉が頭をよぎったそうだ。それは、

**（起業など人と違う道を歩むことを選択したことで）周りの友人の一見華やかな進路を見渡したときに、ときに自分を小さく感じることもあるだろう。ただ、だからといって周りの人と同じ道を歩む必要はない。自分にしか見えていないチャンスがあるなら、君たちはそれを決して逃してはならない。**

**―（グレッグ・ワードルフ［＊5］：日本語訳は著者）―**

という言葉だったそうだ。この言葉を胸にグレッグは参画し、そして大成功した。日本では多くの人が起業するというキャリアを歩むわけではない。それは米国でも同じことだ。だから起業しようと思ったときには、「周りの友人や同級生と違った道を選択している」という感覚がつきまとう。

**ただし、周りとの比較に決して答えはないのだ。自分にしか見えていないチャンスがあるならば、それを思い切って追いかければいい。リスクのあるところにしか、リターンはないのだから。**

同じ大学を出て、ある企業に入って、主任、係長、課長、部長と安全に昇進し、国内勤務と海外勤務をぐるぐるしながら、年功序列と終身雇用の中を淡々と進んでいる同級生を横目に、一方では、ベンチャー企業を起こし、世界をひっくり返す日を夢見て、そして経済的な成功も夢見て、ひたむきに走り続けるという生き方もあるのだ。**そこにはリスクもあるかも知れないが、同じ分だけ大きなチャンスやリターンがあり、そのリスクを取った人にしか、世界を変えることはできないのだ。**

いつの間にか、日本人は「確実なことは、世の中が不確実であるということだ」ということを忘れてしまった。高度経済成長を背景に、一つの会社で一生頑張るサラリーマンだった父親たちの背中を見て成長するうちに、僕たちは、自分たちにも全く同じような未来が来るのだと思っていた。

ところが、そんな未来は僕たちを待っていてくれなかったのだ。パナソニック、シャープなど、かつては日本のお家芸《いえげい》と言われた家電メーカーの多くが経営難に陥り、鳴り物入りで誕生した日の丸半導体のエルピーダメモリが会社更生法《かいしゃこうせいほう》の適用を申請し、破綻した。一方で、ソフトバンクが世界有数の携帯電話会社へと躍進《やくしん》し、ファーストリテイリングはユニクロというブランドを確立し、日本発のアパレルメーカーとして世界に確かな存在感を示した。他の先進国と同じように、日本はこれからも不景気と好景気をぐるぐるしながら進んでいくのだ。

**だから僕たちの世代は、単調な右肩上がりのキャリアや人生ではなく、失敗と成功を繰り返しながらも、少しずつ右肩上がりになるように生きていくことになるのだ。**なにも心配することはない。なぜなら、僕たちがリスクだと思っていることは、実はリスクでも何でもなく、もっとずっと長い期間で人類の経済活動を見直したとき、元より普通なことなのだから。

## 起業とは、正解がどれかを考える仕事ではなく、正解を自分で作る仕事

僕のオーストラリア留学時代の同級生アレックスの話をしよう。彼は東欧からの移民で、これまで三つの会社を自分で起業し、そのうち二つを大手企業に売却した（株式を売却して大金を手にしたということ）実績を持っている生粋の起業家だった。

彼が小さい頃、お父さんが会社から解雇されて、非常に貧しい生活を送るようになったそうで、彼も小さいなりに自分でお金を稼ぐしかなかったから、自然とこの道に入ったのだそうだ。僕は大学院で受講していた「起業論」の授業の休み時間に、彼に起業の秘密を聞いたときの答えが今でも忘れられない。当時、起業するということに興味がありながら、まだ何も知らなかった僕は聞いた。

「アレックス、どうやったら君みたいに三つも会社を作って、そして自分の会社を他の人に売却するなんていう、魔法みたいなことができるんだ？」

しばらく考えたアレックスは、しっかりとこう答えたのだ。

「いいかい、起業家にとって一番大切なのは、グレーエリアを生きることだよ」

最初は何を言っているのか全く分からなかった。だから、もう一度彼に、

「グレーエリアの意味について、もう少し具体的に教えてくれないか？」

と尋ねた。

そして、彼はこう続けた。

「いいかい、ビジネスのほとんど全ては、論理なんかでは導かれないんだ。だから起業家にとっては、積極的にグレーエリア（正解がない、白黒はっきりしない世界）を突き進んでいくことが何よりも重要なんだ。白黒つかないグレーなものに対応する力をつけ、グレーエリアの中を生き抜くんだよ。**結論なんか、そもそも最初から分かりはしないし、状況によって変わるんだ。全てを最初から予測することなんてできないからね。だからとにかく自分でバランスを取りながら、走り抜けることが大切なんだ**」

経験に裏打ちされたアレックスの言葉に、僕は衝撃を受け、そしてあることに気づいた。僕が他の授業で受けていた「競争戦略論」では、既に多くのお客さんが存在している市場に対して、競争環境が数年程度、つまり一定期間変化しないことを暗黙の前提にしていた。ところが**ベンチャー企業を経営している現実の起業家たちは、お客さんが本当にいるのかいないのかまだ分からない市場に対して、日々めまぐるしく変化する環境（毎日明らかになる新事実）にすばやく適合するということ、それ自体を成功のカギとしているのだ。**

LinkedIn（リンクトイン）は、二〇〇三年五月にサービスを開始したビジネスマンのためのソーシャル・ネットワーキング・サービスだ。ウェブページ上に利用者の履歴書情報をアップし、サービスの中で求人や商談を行ったりできることが特徴で、二〇一三年秋時点の登録ユーザーは全世界で二億五〇〇〇万人を超えている。このリンクトインを米国カリフォルニア州サンタモニカで創業したリード・ホフマンは、こんなことを言っている。

---

**起業家精神について質問されたときによく使う例えがある。それは「起業っていうのは、高い高い崖《がけ》から飛び降りて、地面に着地するまでに、宙に浮いた状態で、自力で飛行機を作って、それに飛び乗る感覚に似ている」というものだ。何**

---

でそんなことを言うかというと、地面が近づいているという切迫感が、自分がいまやらなければならない事にものすごくフォーカスさせてくれるからなんだ。

（リード・ホフマン［＊6］：日本語訳は著者）

スピード感の中で、今自分が置かれている状況をすばやく把握し、それに適合する。新しい製品やサービスを生み出すとき、それが売れるのか売れないのか、自分は成功するのかしないのか、仲間は自分を信用するのかしないのか、そんなことは分からない。そして、一つひとつの「答え」は時間や状況とともにクルクルと変化する。だから、起業家には、その曖昧《あいまい》な状態をたとえ盲目的にであっても走り抜け、気づいたときにはゴールのテープを切っているということが結果として起こっているのだ。

曖昧さに対する耐性を持つこと、予測不可能な事態に対して積極的に挑戦するということは、起業家精神の要諦《ようてい》として、米国シリコンバレーに流れている行動原理のうちの一つでもある。ジェンスン・ファアンは現在ＰＣやマック（アップル社が販売しているパーソナルコンピュータ：マッキントッシュの略）など、多くのコンピュータの中に入っているＧＰＵという三次元画像処理の演算装置で世界ナンバーワンのシェアを持つＮＶＩＤＩＡ（エヌビディア）社の創業者だ。彼はこう言う。

未来はどうなっていると思いますか？と聞かれても、それに答えるのは難しいよ。こういった曖昧なことについて考えること自体を嫌がる人間もいるだろう。「何を」「いつまでに」「どうやって」やるかが分かっていないと不安になる人たちのことだ。

一方で「何か向こう側に面白そうなものがあるぞ。それが何だかも分からないし、どんな大きさかも分からない。だから、とにかく見にいってみよう」という人たちがいる。起業家というのは、こういうことを喜んでやる人種のことを言うんだ。

（ジェンスン・ファン［＊7］：日本語訳は著者）

同じように、前出のグレッグ・ワードルフは「起業して計画通りにいくことなんて、たった一つもないと言っておきたい。柔軟に目の前の状況に適合していくだけだ」と言っている。ベンチャーの世界には、正解など初めからないのだ。正解は状況に適合した者だけが自分で作り出せるものなのだから。

## これからの日本型キャリアの行方：トーナメント戦からリーグ戦へ

僕の話をしよう。僕はたくさんの失敗を経験している。少年時代も含めると、それはそれはたくさんの失敗を経験してきた。**僕は、その性格からか、人にやめておけと言われようと、昔から自分が思ったことを自分で実行してみるまで気が済まないタイプだった。もちろんこの性格は今でも変わっていない。**失敗は素晴らしい。今考えると、なんであんなことしたのだろう、なんて思うこともたくさんあるけれど、やっている当時はそうは思わなかった。

以前役員をやっていた会社で、僕は新規事業の立ち上げを担当していた。米国シリコンバレーの技術系ベンチャー企業を日本の大企業と交流させるプラットフォームを作るという壮大な青写真を描いて始めてはみたものの、全く上手くいかず、結果としてその事業からは撤退《てったい》せざるを得なくなった。会社のお金もたくさん使ってしまったし、これは本当に大失敗だった。僕はそのサービスを売ろうと思って、様々なマーケティング活動を展開した。例えば次のようなことだ。

・雑誌への広告出稿《しゅっこう》（記事広告の文面すべてを僕が書いて、入稿《にゅうこう》した）
・新聞への広告出稿（サービスのキャッチコピーを僕が自分で考えた）
・四季報《しきほう》を見てのテレフォンアポイントメント（僕が片っ端から電話していった。これはひどかった。ある電力会社の新規事業部の男性に何故かこっぴどく怒られた）
・ダイレクトメール（文面すべてを僕が書いて、手書きの封筒に入れて、発送した）
・有名ホテルでのセミナー（大学教授を呼んでパネルディスカッションを行った）
・友人・知人から紹介してもらった人たちへの営業（毎日よくあれだけ頭を下げたもんだ）
・パーティーに参加してのコネクション作りと営業（こういう人は嫌われる。でもやるしかなかった）

**とにかくできることは端から何でもやっていった。でも全然上手くいかなかった。失敗した当時は大きな挫折感《ざせつかん》があったけれど、今はあの時失敗しておいて本当に良かったと思っている。**もしあの時、米国シリコンバレーと接点が無かったら、こうして起業に関するある種の成功パターンに気づくこともなかったかも知れない。もしあの時、ハチャメチャなマーケティング活動を汗を流して自分の手と足を使ってやっていなかったら、いまだにマーケティングの「マ」の字も分からなかったかも知れない。

米国シリコンバレーが世界を変えるベンチャー企業を生み出し続ける理由について、シリコンバレーの最大手ベンチャーキャピタルであるクライナー・パーキンス・コーフィールド・アンド・バイヤーズ社の共同経営者ランディ・コミサーは「大量の失敗の蓄積とそれを認める風土」を挙げている。

前出のティナ・シーリグは「ベンチャー・キャピタル業界は、失敗に投資しているようなもの」と言う。**なぜなら、シリコンバレーでは、成功の確率は昔からほぼ一定していることが知られており、そうである以上は「トライする回数を増やすこと」でしか成功の果実を体系的に手に入れる方法はない、とも言えるからだ。**

一九八七年、ジェリー・カプランらが創業したGO Corporation（ゴー・コーポレーション）社は、投資家から七〇億円を資金調達し、ペン・コンピューティング（今のｉＰｈｏｎｅに近い形で、ペンでタッチすることで動作が可能な小型コンピュータ）の分野で、当時パーソナルコンピュータのＯＳで世界を席巻《せっけん》しようとしていたマイクロソフトに真っ向から挑戦し、七年の壮絶な戦いの末、敗れた。

一方で、このゴーの経営陣からは、オンラインショッピングでイーベイ社の先行者となったオンセール社を創業したジェリー・カプラン、ルーカスアーツ・エンターテインメント社のＣＥＯにもなったランディ・コミサー、一九九七年以降アップルコンピュータ社の再建に取締役として取り組み、イントゥイット社のCEO、その後グーグル社を世に生み出すのに重要な役割を果たしたビル・キャンベル、インターネットブラウザを作ったネットスケープ社のマーケティング担当役員になったマイク・ホーマー、電子認証のベリサイン社のCEOになったストラットン・スクラボスらが輩出した。

**確かに、ゴーは経済的には失敗した。ゴーに投資した人たちはお金を失ったかも知れない。しかし、ゴーが失敗の中で経験した多くの辛い出来事は、結果的にゴーの経営陣を育て、彼らを次なるベンチャーの創造に駆り立てたのだ。**そして最終的には、皆次のステージで大きな成功を収めていることは、注目に値するだろう。

こうした事実は、誰よりも若者を勇気づける。失敗の過程では、淡々と、皆明日に向かって力を付けることができたのだ。**ティナはこうも言っている。「失敗は避けられないものであること、成功のカギは、すべての弾をかわすことではなく、いかに素早く立ち直るかにある」と。**

ゴーが潰れた際、ゴーに対する初期の投資家の一人で、表計算ソフトであるロータス1-2-3の生みの親であるミッチ・ケーパーは創業者のジェリー・カプランに向けてこう言った。

**考えてもみろよ。どれだけの雇用が生まれたか。どれだけの人たちが胸を熱くしたか。どれだけの人たちがペン・コンピューティングの未来を信じたか。こういうもののほうが、株式なんてものより、ずっとずっと長く残るんだ**
**（ミッチ・ケーパー［＊8］）**

どうやら日本の若い人は人生やキャリアを「トーナメント戦」だと考えているようだ。僕はこれまで、大学生や二〇代の若者に向けて何度も講演をする機会に恵まれて、心底そう思うに至った。ところが米国シリコンバレーで成功してきた起業家たちを見ても分かるように、初期の失敗や挫折がどれだけ彼らの後の人生を豊かにしたかを考えたとき、人生やキャリアは「リーグ戦」だと捉えるほうが、より合理的ではないかと思うのだ。

なぜなら、**人生をトーナメント戦だと考えた瞬間から、人は「負けない試合」をしようとするからだ。対戦相手と距離を取り、ほぼ引き分けを狙いながら時間を過ごし、最後に鼻の差一つの小さな手で勝とうとする。つまり、「トーナメント戦」という考え方からは大きな発想は生まれてこないのだ。**

ところが、人生を「リーグ戦」だと考え始めた瞬間から、人は一つひとつのゲームを思い切り戦い、そしてむしろ負けたゲームから何かを学び、次に活かすことでゲーム全体の勝率を上げようとする。日本の若者、そして起業家たちはリーグ戦を戦うべきだ。失敗や挫折を自分の人生ストーリーの中に織り込んだとき、結果として君たちは大きな果実を手に入れることができるのだから。

## 人生は、「いつか」ではなく「いま」の積み重ね。今日始めよう

起業するためには、すごいビジョンがあって、豊富なビジネス経験、さらにはＭＢＡ（経営学修士）でも持っていなければならないと考えている若者は多い。彼らは、ビジネスというのはそう簡単に始められるものではないと心の底から信じ込んでいて、法律から会計からマイケル・ポーターの「競争戦略論」からブリーリー＆マイヤーズの『コーポレート・ファイナンス』からコトラーの『マーケティング原理』まで、何から何まで完璧に覚えてから始めようとする。

でもそんなふうに全てをやることはできないし、またその必要もないのだ。現に毎日汗をかきながらベンチャー企業を経営してきた僕が言うのだから、これは間違いない。**ビジネスなんてそんなに難しいものではないのだ。何かを渡して、それにお金を払ってくれる人が一人でもいれば、それがビジネスなのだから。**

起業したいとは思っているが、なかなか踏み切れないでいる若者の話をよく聞く。ここには共通する要素があり、だいたい次の二つのパターンに分けられる。一つは、いつかは

独立したいが自分にはビジョンやアイデアが無いと思い込んでいるタイプ。またもう一つは、アイデアはあるが、それが本当に上手くいくかどうか確認できていないから起業に踏み切れないと思い込んでいるタイプだ。ビジョンやアイデアの詳細については第2章で触れたいが、いずれにしてもこの二つのパターンの呪縛《じゅばく》から早く逃れることが重要だ。

面白い統計がある。米国の起業家専門誌として有名な「Ｉｎｃ（インク）」が過去行った「最も成長した未公開の新興企業」に関する調査（＊9）によると、**起業して自分の会社を成長させることに成功した五〇〇社の創業者のうち八八％が「ありきたりのアイデアを『例外的に』実行したこと」を自らの成功要因として挙げている。**「非常にユニークな商品を持っていたこと」を成功要因として挙げた創業者はわずか一二％だった。

さらに、彼らの多くは、起業した分野で豊富な実務経験を持っていたわけでもない。**それどころか約四〇％の創業者が、起業した分野ではまったく経験を持っていなかったと判明した。**つまり、彼らは素人《しろうと》同然に事業を始め、仕事を通じて同業者を圧倒する技量を身に付けていったわけだ。もっと言えば、比較的金額が大きく特注サービスの余地が大きい商品市場で、同業者よりもはるかに熱心に顧客のことを考えて商売すれば、素人同然であってもビジネスを始め、そして大きくすることはできるということだ。

ビジョンなど持っていなくても起業はできるし、ありきたりのアイデアで事業を始めてからしばらく考えているうちに、結果として良いアイデアが生まれてくるものなのだ。また、**未来はそもそも予測などできないものなのだ。起業家精神というのは、こうした曖昧で白黒はっきりしない世界を進む力のことだ。**「オタク型」や「生活型」、そして「使命型」の起業パターンを見れば分かるように、こうした起業家の原動力になっているのは「思い」や「情熱」であって、それは理屈ではないのだ。

理屈ではないから、元から彼らはアイデアなんて関係ないと思っているし、未来などこれから作れば良いから、そもそも予測する必要もないと思っている。なにより、彼らには自分にはそれをやることが不可能だと思っていないふしがある。**お金が無くてもみじめじゃないし、失敗してもすぐに立ち直れるし、「オレには何かデカいことができるんじゃないか」という根拠の無い自信に満ち溢れている。**自分がやりたいことを何が何でもやりたい！（オタク型）、もしくはやってやる！（生活型）、やらなければ！（使命型）ということだけなのだ。

バングラデシュで製作したバッグを日本で売ることで有名になった社会起業家の山口絵理子さんという人がいる。彼女は大学生のときに米州開発銀行でインターンを経験し、ただお金をばらまくだけの国際援助の実態に幻滅《げんめつ》した。その後単身バングラデシュに渡って、どうやったら貧困の問題を解決することができるのかを模索《もさく》してきた彼女は、「途上国から世界に通用するブランドをつくる」と決意し、二〇〇六年にマザーハウスを立ち上げた。でも山口さんなんて、言い方は悪いが普通の人から見れば「ただの負けず嫌い」じゃないか。僕は彼女を立派だと思うし、素直にすごいなと思っている。なぜなら、世の中にあんな素敵な「負けず嫌い」は滅多にいないし、負けず嫌いの程度が人間のレベルを超えているというか、ちょっと想像できないくらいだから。

だから、それを見た人は応援するし、感動するのだ（これはこれで理屈ではない）。彼女は絶対にマイケル・ポーターの『競争戦略論』を読んで起業したのではない。山口さんのように、周りの人から「あなたはどうかしている」と言われたのだとしたら、逆に起業家としてはいい線をいっている証拠だろう。

その後に大きな成功が待っている限り、何度か失敗しても良いじゃないか。人生を「トーナメント戦」と考えるのではなくて、「リーグ戦」だと考えよう。**「絶対に成功するという確信が持てるまで起業はしない」なんて言わないで、「ちょっとノドが渇いたからジュース一本買いに行くか」くらいの気持ちで起業するのだ。**もしくはそんな気持ちで自分が素敵だと思うベンチャー企業に参加して、世の中で起こっていること、会社の中で起こっていることを色々見てみれば良い。

そして、芸の肥やしになるように、いつか成功するように、たくさんの失敗と挫折を経験するのだ。もし起業に本当に興味があるのなら「あなたはなぜ今日からベンチャーを始めないのですか?」と聞かれる前に、今日起業してみよう。ベンチャー投資家のロジャー・マクナミーは起業のタイミングについて、こう言っている。

スタートアップ（起業）すること以外の何も思いつかないなら、スタートアップせよ。

（ロジャー・マクナミー［＊10］）

## 起業してからアイデアを考える人、アイデアがあって起業する人

「起業する際に、売るもの（もしくは元になるアイデア）が決まっているか？」という切り口で見たときに、ベンチャーの起業には大きく二つのパターンがある。**一つ目は、アイデアがあって、既にそれを形にしていて、その製品やサービスを販売しようと思って会社を作るパターン。そして二つ目は、気の合う仲間同士でまず会社を作って、それから何をするのか（どんなアイデアを出すのか）を決めるパターンだ。**ここで、皆が知りたいと思う「どちらが正しい起業の方法なのですか？」という問いに関する答えを先に言っておこう。「どちらも正しい」というのが答えだ。

一九九〇年代、僕が大学に入学して初めてインターネットに接した際、インターネットブラウザとして使っていたのは、ネットスケープナビゲーターというソフトウェアだった。これを開発したマーク・アンドリーセンは、イリノイ大学の米国立スーパーコンピュータ応用研究所（ＮＣＳＡ）において、世界で始めてインライン画像を扱うことができるブラウザ「モザイク」の開発に携わり、その後、三次元画像処理ワークステーションを開発・

販売していたシリコングラフィックス社の創業者ジム・クラークとネットスケープコミュニケーションズ社を立ち上げた。

マークは、インターネットブラウザを製品として販売するというアイデアが先にあり、そのアイデアを元に会社を立ち上げたということだ。そのマークはある講演で「技術系の会社ではアイデア先行のことが多い」とは言いながら、その逆もまた真実であるという、面白いエピソードを語っている。

---

ヒューレット・パッカードの話をしよう。会社を始めてからアイデアを考えた最高の例としてね。少し前にヒューレット・パッカードのホームページに彼らが初めて行った会議の議事録がアップされたことがあった。これがすごいんだ。三〇代の若きヒューレット氏とパッカード氏、そして弁護士なんかがその会議に参加したと書いてある。

午後二時四八分に会社を三〇〇〇ドルで設立しました、なんて書いてあってね。会議における六つ目の議案に「製品開発の件」っていうのがあるんだけど、「何の製品を作るかについては、まだ決まっておりません」と書いてあるんだ。面白いだろ。彼らだって分からなかったんだ。電気工学や機械工学の分野で何かできそうだってことぐらいしか考えていなかったんだろうね。もちろんコンピュータが

---

できるずっと前の話だよ。
　アイデアを考える前に彼らは会社を始めた。そして結果として良いアイデアを思いついて、それが初期のコンピュータ（電子計算機）になった。でもそうなることは、会社を始めたときは分からなかったんだ。これは会社を始めてからアイデアを考えた良い例だと思うね。
（マーク・アンドリーセン［＊11］：日本語訳は著者）

一方で、前出のエヌビディア社を創業したジェンスン・ファンもこう言っている。

会社を始めて六か月くらいの間は、創業メンバー三人で、とりあえず集まるには集まるけれど、「さて、俺たちの会社では何を始めようか？」というのがいつもの話題だった。三人の専《もっぱ》らの興味は「今日のランチで何を食べるか」だったよ。おかしいけど、これが現実だったんだ。
（ジェンスン・ファン［＊12］：日本語訳は著者）

三次元画像処理の演算装置で世界シェアナンバーワンになったエヌビディア社ですら、事業のアイデアは後からやってきた。気の合う仲間同士でまず会社という組織を立ち上げて、それから何をするのか（どんなアイデアを出すのか）を決めたということだ。

**ここで間違ってはいけないのは、アイデアは後から「でもいい」なんて上から目線の話ではないということだ。つまり、もしヒューレット・パッカード社やエヌビディア社が無理やりアイデアを先に考えようとしていたら、世界的なコンピュータメーカーも、世界シェアナンバーワンの三次元画像処理の演算装置も生まれなかったかも知れないということだ。**彼らは「何を始めるか」よりも「誰と始めるか」を優先させた。それが彼らにとっての究極の成功要因だったかも知れないのだ。

## 勇気を与え心の支えになってくれる大人（メンター）を見つけよう

**起業における成功の可能性を高める方法の中で、僕が特にお奨めしたいものがある。それは、心の支えとなってくれる大人（メンター）を見つけるということだ。**何しろベンチャーというのは、まだ周りの人がやっていないこと、もしくは周りの人と同じことを周りの人がやっていない「程度」にやるということで、最初は上手くいかないことが多い。また徐々に事業が軌道に乗り始めたとしても、旅の途中ではさらなる困難が立ちはだかることが多いものだ。

アップル社のスティーブ・ジョブズだって、最終的にはアップル社に復帰することになったけれど、三〇歳の時に自分で始めたアップル社から追い出される羽目になったし、シリコングラフィックス社を創業して上場させたジム・クラークだって、ケンカ別れのような状態でシリコングラフィックス社を飛び出した。

**こうした中で、失敗から少しずつ何かを学びつつ、腐《くさ》らず、諦めずに淡々と前に進むことができた人たちだけが、最終的に大きな成功を手にしていく。**ここで改めて、起業するという感覚がどんなものか、前出のマーク・アンドリーセンの言葉を借りて、読者をちょっと脅かしておこう。

起業するってことは、君たちがこれまで経験したことがないような人生のジェットコースターに乗るようなものだ。ある日、自分には世界を征服できるんじゃないかと思うこともあれば、その数週間後には、自分の事業は破滅するんじゃないかと感じることもある。事業が先に進むにつれて、こんな気持ちの変化が何度も何度も繰り返される。

これは大人になれない起業家だから経験することではなく、むしろ責任感のある起業家だからこそ経験することでもある。起業には不確実性やリスクが付きものだからね。……物事が本当にうまく運ぶ日もあれば、全くダメな日もある。それが自分の感情やその時のプレッシャーによって増幅されて、ジェットコースターに乗っているような気持ちになるってわけだ。

（マーク・アンドリーセン［＊13］：日本語訳は著者）

どうだろう？　少し驚いただろうか。僕がかつて社長をやっていたある赤外線技術を使ったベンチャー企業は、もとは英国オックスフォード大学卒のイギリス人が日本で始めたベンチャーで、既にベンチャーキャピタルから何億円ものお金を集めて、上場を目指して邁進《まいしん》していたが、結果として思うような展開に至らず、最終的には瀕死の状態で日本人の僕に経営をバトンタッチした。

従業員の半数は外国人だったし、社内の規則なんてほとんど無くて、社長をバトンタッチされた当初は本当に毎日ジャングルや動物園に出社しているみたいだった。**その当時、僕が営業に行って新しい仕事が決まったときは自分が世界の中心にいるような気持ちになったものだし、次の日に翌月の資金繰り（手元に残る現金が多いか少ないか）の報告を受けるとあまりの資金の少なさに愕然《がくぜん》としたものだ。**マーク・アンドリーセンはこのあたりを本当によく捉えている。

では、僕のこの感情のジェットコースターを支えてくれたものは何だっただろう？　それは間違いなくメンターの存在だった。自分でもベンチャー社長を経験したことのある人物で、精神的に成熟していて、これから僕に起こるだろうことを適確に予測しながら相談に乗ってくれる、そんな人だ。**その人と話していると、目の前にある困難が人生の全てだと思っていた自分に変化が訪れる。その人は、自分の経験をもとに話をし、常に先の展開を想像させてくれて、いま目の前にある困難は全体の中では一部分にしか過ぎないこと、だからこそ乗り越えるべきであることを、自分で気づかせてくれるのだ。**

僕が最初に自分のメンターと出会ったきっかけは、信頼できる知人からの紹介だった。その人と話をした際に、僕が知らないことをずいぶん詳しく知っているなと感動し、図々しくも、定期的に会って話をさせてもらえませんかと頼み込んだのだ。一回会うと、次回のアポを入れさせてもらい、定期的に時間をもらうようになった。僕はその人と会う日がとても楽しみで、面会する際には、ノートがびっしりと埋まるくらいにメモを取った。懐《なつ》かしい思い出の日々だ。今思うと、**メンターが自分の目の前に現れるためのただ一つの条件は、自分の中にしっかりと悩みがあることだ。悩みがあって、その中でもがいて抜け出そうとしているからこそ、まるでスポンジが水を吸うように、メンターの意見が心に染《し》み入るのだから。**メンターは決して占い師ではないのだ。だから、すごいメンターを見つけようと思うのではなく、まず自分の中にある確かな悩みを見つけることから始めよう。

　ジョン・ドーアは、米国シリコンバレー伝説のベンチャーキャピタリストだ。初期のベンチャーにファンド（詳しくは第４章で話す）を通じて資金を提供し、ベンチャーの急成長を支え、最終的には購入したベンチャーの株式を高値《たかね》で売却して利益を得ている。元はインテル社の技術者だったが一九八〇年にベンチャーキャピタリストに転身した。

　有名になるよりずっと前のコンパック社、ネットスケープ社、シマンテック社、サン・マイクロシステムズ社、アマゾン・ドットコム社、グーグル社などに投資をし、大成功した人物だ。現在はクライナー・パーキンス社の共同経営者を務めている。このジョンは、かつてメンターを持つことの重要性についてこう語った。

（成功するために）何より重要なのは、人生を通じて関係を深められるような人的ネットワークを作ることだ。人生や仕事で何か困ったことがあった時に、気軽に相談をすることができるような関係がベストだろう。こうしたネットワークを作るためには、一日一〇分で良いから、今の仕事とは直接関係のない人に電話をする習慣をつけると良い。そして、良い人と巡り合う機会を大切にするんだ。外に出て人に会うことが重要だ。

……人生の中で君たちの心の支えになってくれる人、つまりメンターを見つけしっかりと付いていくこと。これが成功するカギだ。それが社内であれ社外であれ、もし君たちが本当のメンターを見つけることができたなら、それは素晴らしいことだ。人間として尊敬できる相手で、数か月に一度くらい食事でもしながら君たちの成長について話し合うことができるメンターを見つけることができたなら、君たちはとてもラッキーだ。それに対するお返しは、メンターとして自分が誰か他の人の相談に乗ってあげることでしか、できないのかも知れない。

（ジョン・ドーア［＊14］：日本語訳は著者）

アップル社のスティーブ・ジョブズにもメンターがいたことをご存じだろうか。それは

**フェアチャイルド・セミコンダクター社、インテル社を立て続けに創業した前出のロバート・ノイスだ。**三〇歳で自分が創業したアップル社を追い出され、スティーブ・ジョブズが相談に行ったのも、ロバート・ノイスだった。

**グーグル社の創業者ラリー・ペイジとセルゲイ・ブリンにだってメンターがいる。その一人は前出のゴー・コーポレーション社のＣＥＯを務めたビル・キャンベル（現在はアップル取締役）だと言われている。**ビルは、コロンビア大学のアメリカンフットボールチームのヘッドコーチとして学生をリードした後、広告代理店などを経てアップル社に入社し、その後ゴー・コーポレーション社を率いてマイクロソフト社と戦った。彼がいかに人を支える力に優れていたかについて、かつてのゴーでの盟友《めいゆう》ランディ・コミサーやジェリー・カプランが語った言葉があるので、それを引用しておこう。

> 人は彼を「コーチ」と呼んでいた。それはビルがかつてコロンビア大学のアメリカンフットボール部のコーチをやっていたからというより、彼が我々仲間の心の支えとなっていたからだった。ビルは四〇代中頃で、厳しい眼差しをしているものの、心温かく、人への気遣いがあった。……ビルは人について話すことに多くの時間を使った。……この決断をしたとしたら、あの人はどう思うだろうか？　このチームにどんな影響が出るだろうか？　彼らは何と言うだろうか？　どう

感じるだろうか？　ビルはこういった一つひとつをよく考えていた。
ビルには、人間を大切にしてよく働けば、ビジネスというものは自然と前に進んでいくものだという強い信念があったようだ。……ビルの一見非効率に見えるやり方は、素晴らしい成功の秘訣だった。それは言葉にできないような仕事のやり方だ。ビルは人の気持ちというものをよく知っていて、いつも人を勇気づけていた。そして、会社を単なる個人の集まりから一つのチームに生まれ変わらせ、大きな成果につなげたのだ。

（ランディ・コミサー［＊15］：日本語訳は著者）

ジェリー・カプランもビルに対して同様のことを言っている。

ビルを見ていて、リーダーシップとはどういうものかがわかってきた。……ビルのすごいところは、一寸先が闇でも、進むべき道を見つけ出し、チームを強い連帯感で結び、勝利に向けて驀進《ばくしん》することだった。たとえ、敗北が避けられそうもない状況でも、チームの心をひとつにすることができた。自由な討論に十分な時間を割《さ》き、……社員全員がみずからの決断として受け入れられるような決断を下した。議論のまとめ方には、父親のような温かさと強さがあった。なぜ、そのようなあつい信頼を得られるかといえば、……自分がやることにはすべて全力投球し、何よりも社員の幸福を優先したことである。自分の幸福は二の次だった。……

会社の中で「コーチ」といえば、ビルのことだ。精神的な支えがほしいとき、具体的なアドバイスがほしいとき、いつでも力になってくれる人という意味だ。

（ジェリー・カプラン［＊16］）

ビルのような人が君のメンターになってくれれば、君のベンチャーが成功する可能性が格段に高くなるだろうことを、何となく感じてもらえると思う。起業家にとって、それくらい、心の支えになってくれる大人を見つけることは重要なのだ。

# 第2章

# 誰と作るのか？　何を作るのか？

「本当にやってみたいのは、一〇〇〇万ドル（一〇億円）儲けることだ」
（ジム・クラーク：大学の准教授から転身し、シリコングラフィックス社を起業する直前に言った言葉）

## 一人で始めるより、二人で始めよう

なぜか起業というのは一人で始めるものだとみんな思っている。世界を変えた企業について、マスコミはいつも一人のヒーローを作りたがるし、企業において社長というのは一人なのだから、その役割自体が目立つのは仕方ない部分もあるだろうが、**会社を「始める」ということに関して言えば、実際は一人で始めて成功したケースが多いわけではない。**

**むしろ、ここには一つの意外な法則性がある。それは、伝説を残したベンチャー企業は、いつも二人でスタートしているということだ。**アップルコンピュータ社を創業したのはスティーブ・ジョブズとスティーブ・ウォズニアック、マイクロソフト社を創業したのはビル・ゲイツとポール・アレン、グーグル社だって、ラリー・ページとセルゲイ・ブリンの二人で起業している。世界のソニーだって、盛田《もりた》昭夫《あきお》ばかりが有名になっているが、もとはと言えば井深大《いぶかまさる》が立ち上げた東京通信研究所に盛田昭夫が合流し、東京通信工業として始まったものだ。

一人ではなく二人で始めるということには必然性があるのだ。前述したように、起業してベンチャーを始めるということは、白黒はっきりしない世界を突き進み、正解がない未来に正解を自分で作ろうとする営みだ。**時々刻々と変化する環境の中に自分と自分の会社を適合させていくということは、誰かが「これが正しい答えですから、こうしてくださ い」という道を進むよりも、ずっと大変なことなのだ。**

フェアチャイルド・セミコンダクター社を退職したロバート・ノイスとゴードン・ムーアは、半導体メモリーの開発・製造・販売を目的として今では世界的な大企業となったインテル社を設立する。その翌月、従業員第一号として後にインテル社の辣腕《らつわん》ＣＥＯとなるアンディ・グローブが参加した。アンディ・グローブはその頃の経験をこう語っている。

> 死ぬほど怖かった。
> 自分のしていることがよくわかる、非常に安定した職場を辞めて、全く新しい（インテルという・著者注）ベンチャーの研究開発に身を投じようとしていたのだ。
> しかもそれは、海の物とも山の物ともつかない業界の全く新しいベンチャーだった。
> 身がすくんだ。悪夢を本当に何度も見た。
>
> （アンディ・グローブ［＊17］）

後にパーソナルコンピュータの中央演算処理装置（CPU）で市場を独占し続けることになったインテル社ですら、最初に入った人間からすると「海の物とも山の物とも」分からなかったということだ。**こうした環境下で、支え合い励まし合い、それが正しいか正しくないか分からないことに対して「俺たちきっと正しいよ」と言い合える仲間、苦労の中で笑い合える仲間がいるということが、ベンチャーの初期を支える極めて重要な要素なのだ。**

僕はベンチャー企業をたくさん見てきたが、上手く行っているベンチャー、軌道に乗るベンチャーには、中心となる経営陣（それは二人であることが多いのだが）の雰囲気や発言に「心配なんていらない」「絶対大丈夫」というポジティブな感覚があると思う。これは仲間意識からくるある種の高揚感なのだ。世の中には、一人ではできないこともある。

著名《ちょめい》なコンピュータ技術者としてDEC（ディジタル・イクイップメント・コーポレーション）社でミニ・コンピュータの開発に従事したゴードン・ベルはこう言っている。

不動産における三つの重要な要素は、「場所、場所、場所」とよく言われる。
同じように、スタートアップ（＝ベンチャー企業・著者注）の形成で重要なのは、
「人、人、人」である。

（ゴードン・ベル［＊18］）

「気の合う仲間と働く高揚感が全ての原動力だ」とは、米国シリコンバレーの投資家ロジャー・マクナミーの言葉だ。あれだけ技術をベースにしたイノベーション（新しい技術や考え方を取り入れて新たな価値を生み出し、社会的に大きな変化を起こすこと）が起こっているシリコンバレーにおいて実は最も重要視されているのが「特許でも要素技術でもなく、それは人材である」というのは注目に値する。投資家のガイ・カワサキは「心から信頼できる仲間とビジネスを始めろ」と言い、グレッグ・ワードルフは「素晴らしい仲間と働きなさい」と言っている。

僕自身いくつかのベンチャー企業に経営者として関わってきて日々思ってきたのが、気の合う仲間と行った三〇分のディスカッションは、気の合わない人間との三年のコミュニケーションに勝るというもの。**特に業務の流れなどが明確に定まっていないベンチャー企業にとって、業務の流れを自然発生させる「仲の良さ」はとても重要なものだ。**であればこそ、親友は最も起業を共にするに適した人材と言える。つまり、心から信頼できる仲間を口説き、一緒に起業することが成功への近道ということだ。

よく使われるバスの例え話がある。素晴らしい会社というのは、いつも「誰をバスに乗せるかを先に決め、その後に行き先を決めている」のだそうだ。**一方で、「行き先が決ま**

っているバスに、そのバスに相応《ふさわ》しい人たちを乗せる」というのは、一見正しそうに見えるものの、何かの事故やトラブルで行き先が急に変わったりしたときには、上手くいかないのだそうだ。

前出の、ヒューレット・パッカード社もエヌビディア社も、仲間を決めてから、アイデア（行き先）を決めていた。これが起業における確かなコツなのだ。最初から自分一人で始める必要なんてない。仲間を巻き込んでスタートアップするほうが良いのだ。

## 目の前の世界が、「他人ではなく自分にとってどう見えるか」が何よりも大切

企業を経営するには経営者の持つ「ビジョン」が重要だと言われている。ところが、イノベーションの聖地である米国シリコンバレーに一体何人のビジョナリー（ビジョンを持つ人）がいるかというと、せいぜい若者の頭に思い浮かぶのはアップル社のスティーブ・ジョブズくらいではないだろうか。長年シリコンバレーをウォッチしてきた僕にも、前出のジム・クラークや、後にオンライン決済のペイパル（ＰａｙＰａｌ）社となるX.com社、電気自動車のテスラモーターズ社、民間ロケット事業のスペースX社を立て続けに創業したイーロン・マスクなど、数人しか思いつかない。

だから、**若者が頭で「ビジョン」なんてものを考えれば考えるほど、自分には起業なんてできないんじゃないかという気がしてくる。起業するためには「ビジョン」という何だか秘密めいたものが必要で、そんなもの自分には無いから、自分は起業家には向いていないのではないか、などと考えてしまうのだ。**一方で、前出のエヌビディア社の創業者ジェンスン・ファンは若者を目の前にしたスピーチで面白いことを言っている。

> ビジョンは重要だろう。だけど僕は、起業するためにそんな大それたものなんて持っていなくても良いと思う。大事なのは自分なりの「視点」、つまり「世界が他人ではなく自分にはどう見えているか」ということなんだ。エヌビディア社を創業した当時、僕がビデオゲームのための演算チップを作るんだと熱心に人に話をしたって、投資家を含めて、誰も振り向いてはくれなかったんだ。母親にその話をしたときだって、返ってきた言葉は「早くまともな職につきなさい」だった。ところが、僕のようにビデオゲームで遊ぶことが当たり前だった世代の人間にとって、ビデオゲームの市場がこれからもどんどん大きくなっていくってことは、ある意味「当然のこと」に思えたんだ。
>
> （ジェンスン・フアン［＊19］：日本語訳は著者）

大切なのは、世界が「他人ではなく、自分にとって」どう見えるかなんだ。起業家というのは正解がどれかを考える仕事ではなく、正解の見えない世界、白か黒か分からない曖昧な世界をどんどん突き進んでいって、自分で正解を作る仕事なのだから。**今の世界で起こっていることについて一から一〇〇まで調べ尽《つ》くしたって、残念ながら明日には既に世界は変化しているのだ。**

いずれにせよ、起業家はグレーエリアを生きなければならないのだ。君たちにビジョンがあるかどうかなんてことは、誰にも分からない。大きなビジョンを持った人たちが結果として成功しているなんて書いてある本を読んだりして、「自分にはビジョンはあるかどうか？」なんてことを真剣に悩んでいてはいけない。そうではなく、**人がどう言うかは別にして、自分にとって世界がどう見えるのか、ということを何よりも大切にするのだ。それは、君の、自分なりの「視点」で良いのだから。**その「自分に見えている世界」を胸に、未来を手繰り寄せよう。起業家にとって重要なのは、いつも「俺にはなにかデカイことができるんじゃないか」という根拠のない自信なのだから。

少なくとも今の時点で「自分に見えている世界」を起点として起業すれば良いのだ。ここから、自分だったらこう考える、「自分」にはこのクルマは操作《そうさ》しにくい、「自分」にはこういうサービスが欲しい、「自分としては」こんな服なら格好良いと思う、と世の中を「自分なり」に観察しながら色々なアイデアに展開していけば良い。

**若者は、生意気なくらいがちょうど良いんだ。最後の最後は、自分なりの「視点」でものを見たときに、それを自分で「信じられるか」どうかが問題になってくる。自分なりの見方を、自分で信じてあげるということが必要なのだ。**Ｐａｌｍ（パーム）という小型のコンピュータであるＰＤＡを製造・開発するパーム社を創業したジェフ・ホーキンスはこう言う。

ビジネスでは、自分が心から信じられることをやると良いよ。自分で信じているからやれるってことをね。ビジネスをやるってことは大変だよ。君たちがどんなに優秀であろうと、新しく生まれた企業というのは必ず困難に遭遇《そうぐう》するもので、それはどうしても避けられないんだ。困難というのはビジネスの一部なんだよ。それはかなり大変で、気力のいるものなんだ。僕だって、家に帰って、むすっと不機嫌になることも多い。一緒に働いている従業員だって、大変な仕事を続けているうちに疲れてくるから、社長としては彼らを元気づけてあげなければならないしね。

　だからこうした困難を乗り越えるたった一つの方法は、ビジネスをやる「理由」を持つことなんだ。自分が自分で信じられることを持つこと。良い理由が必要だ。なぜなら、お金を儲けるためだとか、ちょっと楽しいとか、ちょっと独立したいとかっていう理由では、困難の中にあって自分を信じられるものにはならないだろうから。やがて、ものを前に進めることができなくなるからだよ。

（ジェフ・ホーキンス［＊20］：日本語訳は著者）

さぁ、今の君にとって世界はどう見えるだろう。そして、それを心の底から信じられるだろうか？

## 街に出よう。おかしなところを見つけよう。アイデアを人にぶつけてみよう

起業するためには「アイデア」が必要だと言われるけれど、そもそも「アイデア」というのは何なのだろうか？　ビジネスの「アイデア」とは、**君が何かをすることによって、相手がお金を払ってくれるネタのことだ。**色々と形式はあるかも知れないが、要は何で相手がお金を払ってくれるかというと、それは「現状に不満がある」から、もしくは「もっと〇〇になりたい！」からだ。**基本的に「アイデア」と言われるもののパターンはこの二つしかないと考えて良いだろう。**つまり（大切だからもう一度言うと）、その相手が個人であれ会社であれ、

**「現状に不満がある」**

もしくは、

**「もっと〇〇になりたい！」**

という欲求を強く持っていて、君がそれを解決してあげられる何らかの「手立て」を持っていれば、相手は喜んでお金を払ってくれるということで、その一連の流れを「アイデア」とか「ビジネスモデル」とか呼んでいるということだ。そんなに難しい話ではないから、大丈夫。

一つ例を挙げよう。僕が学生の頃、友人と連れだって車で海水浴に出かけたときのことだ。海からの帰り道、海沿いの国道や県道は帰路に就く海水浴客の車で長い渋滞が続いていて、全然車が動かない。よくあることだ。こっちは一日中泳いだり遊んだりで疲れているし、早く帰りたいのだが、渋滞ばかりはどうしようもない。

そんなとき、何台か前の車のドライバーがウィーンと、車の窓を開けた。歩み寄ってきた地元の高校生らしき人物から小さな紙をもらうと、反対に五〇〇円玉らしき小銭を渡している。その紙を手にしたドライバーたちは、国道から急に小道に入りどこかへ抜けていく。不思議な光景だ。しばらくして、僕のところにも高校生がやってきた。「高速までの裏道が書いてある地図。地元の人しか知らないから、空いてるよ。五〇〇円」と言うではないか。

こんなものだって、ビジネスの「アイデア」なのだ。これはまだカーナビ（自動車の走行時に現在地や目的地への経路案内を行なう機器）が広く普及していなかった時代の話。僕らが抱えていた「渋滞」という「現状への不満」に対して、高校生の彼は見事に解決策を出したのだ。五〇〇円という価格設定も絶妙で、これなら出してもいいかなと思えたものだ。

**ではこうしたビジネスの「アイデア」とは、実際どうやって生まれているのだろうか。多くの起業家が経験している基本形はたったこれだけだ。**

**問題意識を持って世の中を観察（経験）する**

何もないところから具体的な「アイデア」を思い付いた例をあげよう（＊21）。ユニークなデザイン会社ＩＤＥＯ（アイディオ）の代表トム・ケリーがかつて仕事として関わった歯ブラシの話だ。オーラルＢという会社が子供用の面白い歯ブラシ「スクイッシュ・グリップ」を開発する前には、何十年ものあいだ、子供用の歯ブラシというものは大人用の歯ブラシをただ小型にしただけのものだった。

しかし、子供が歯を磨く姿を辛抱強く「観察していた」製品開発担当者があるとき気づいたのは、幼い子供は歯ブラシを手のひらで握りしめてしまい、年長の子供のように指先を上手く使うことができないということだった。子供が指先を器用《きよう》に使えない以上、子供のためには柔らかくて太い持ち手の歯ブラシを「手のひら全体で握らせてあげる」ほうが良いのではないかという「アイデア」がそこで生まれたのだ。そして「スクイッシュ・グリップ」が誕生した。

**大人よりも手の小さな子供が、大人よりも持ち手が太い歯ブラシを使うというのは一見おかしなように見えるが、よくよく観察すると大人と子供では歯ブラシの持ち方が違うのだから当たり前のことなのだ。**ところが、歯ブラシメーカーはなかなかこれに気づかなかった。これは、子供が実際に歯磨きをするところを「観察する」ことで、具体的な製品の「アイデア」につながった良い例と言えるだろう。この歯ブラシは一八か月もの間、他の歯ブラシと比較した売上高でナンバーワンを記録するベストセラー商品に育ったのだった。

**もう一点、「アイデア」に関しては、**

**仲間と意見交換すること**

**をお奨めしておこう。**自分が思いついたビジネスに関する「アイデア」を仲間に話してみる。こうすることで色んな意見を聞くことができる。そして脳が刺激されて、どんどん頭が活性化して、さらに良い「アイデア」に育つことが多いということだ。これは月並みに言うと意見交換（ディスカッション）ということになる。ここでは、アイディオ社で実際に使われている意見交換の七つのルール（＊22）を紹介しよう。

1. そのアイデアが良いか悪いかは、アイデアがたくさん出てから後で決めよう
2. 変わったアイデアが出る環境作りを大切にしよう
3. 人のアイデアを借用《しゃくよう》しつつ、自分のアイデアを出してみよう
4. 盛り上がっても、話し合っているトピックから離れすぎないように注意しよう
5. 自分の話ばかりが長くならないように（独壇場《どくだんじょう》にならないように）、気をつけよう
6. 自分のアイデアを、絵にしたり、形にして人に見せてみよう
7. 良いアイデアを出すことにこだわらず、とにかくたくさんアイデアを出してみよう

問題意識を持って街を歩き、周りの仲間と建設的な意見交換ができれば、きっと君にもビジネスの「アイデア」「ビジネスモデル」が閃《ひらめ》く瞬間が訪れるだろう。

## 一ケタ違いを目指そう：一〇倍良い、一〇倍速い、一〇分の一の価格、それは決して一〇％ではない

ビジネスの「アイデア」を生み出す方法について話をしてきた。では、その「アイデア」で本当にベンチャー企業として成功する可能性があるのか、について少し話をしたい。良い「アイデア」かどうかなんて、最終的には自分にしか分からないことでもあるのだから、気を楽にして聞いてもらえれば良い。**周りに何と言われようとも、自分なりの視点があり、自分が信じることができれば、それが良い「アイデア」**ということなのだ。

米国シリコンバレーでよく使われる非常に役に立つ言葉がある。それは「大きなことを考えろ（Think big）」という言葉、そして「人と違うことを考えろ（Think different）」という言葉だ。どちらも同じことを言っていて、**要は、ビジネスの「アイデア」に関しては、周りの人や会社と同じような考え方をするのではなく、「あえて枠からはみ出す」ようなことを考えるほうが良いということだ。**

「人と違うことを考えろ（Think different）」という言葉は、一九九〇年代に行われたアップルコンピュータ社の有名な広告キャンペーンのキャッチコピー（告知や宣伝に用いら

れる文章）だ。当時米国のコンピュータ界を席巻していたＩＢＭ社が「Think」というキャッチコピーで広告を展開したのに対抗して、このコピーが作られた。この広告コピーは、ただのコピーではない。アップルコンピュータ社のものの考え方、企業の生い立《おた》ちをよく表している。一九九七年、アップルコンピュータ社に晴れて復帰したスティーブ・ジョブズは言った。

最初のパーソナルコンピュータであるアップルⅡが誕生したとき、僕たちのコンピュータに対する考え方は大きく変化した。当時、コンピュータというのは一台で大きな部屋を占領しているようなモノだったから、アップルの小さなコンピュータを見て、僕たちは自分の認識を一八〇度変えなければならなかったんだ。

……僕は、アップルのコンピュータを買ってくれる人は、人とは違った発想ができる人たちだと思ってる。それはこの世界で、新しいものを作り出す人たちとも言える。それは、ただ仕事を早く終わらせるためにコンピュータを使う人たちではなく、世界を変えるためにコンピュータを使おうとしている人たちなんだ。

僕たちの会社（アップルコンピュータ）はそんな人たちに素晴らしい道具（ツール）を提供したいと思っている。……人々は彼らをクレイジーだと思うかも知れないが、僕たちは彼らを天才だと思う。僕たちはそんな天才たちのために、道

**具を作っているんだ。**

**（スティーブ・ジョブズ［＊23］：日本語訳は著者）**

人と同じことを考えていたら、人と同じものしかできないのだ。一つ具体例をあげよう。みんなが使っているオンライン書店のアマゾン・ドットコムの創業者であるジェフ・ベゾスは、バーンズ＆ノーブルやボーダーズ・グループといった米国大手書店チェーンが二〇万冊～三〇万冊を陳列する大型書店を出店して熾烈《しれつ》な競争を繰り広げている中、二七〇万冊という蔵書数を引っさげてオンライン書店のアマゾン・ドットコムを開業しようと考えた。

彼の「アイデア」はこうだ。インターネットが普及すれば、書籍をオンライン上で販売することができるのではないか。本屋さんで書籍を選ぶ楽しみをネットに置き換えることはできないかも知れないけれど、既に買いたい書籍が消費者の頭の中で決まっている場合などは、在庫の幅が多いに越したことはない。もしこうした需要があるのであれば、郊外の物流倉庫に大量の書籍在庫を配備し、そこから宅配便でお客さんの自宅まで届ければいいのではないか、と。オンライン上に陳列できる書籍数は大型書店の一〇倍を超え、アマゾンは大ヒットした。

みんな、人より一〇%とか二〇%良いものを作ろうとするが、それでは「Think big」や「Think different」にはならない。人より一〇倍良いものを作ろうとするところに、そしてそんなハチャメチャなものを作ろうとするところに起業家精神というものがあるのだ。

インターネットの黎明期《れいめいき》からＩＧＮ《アイジーエヌ》（元の社名はスノーボール・ドットコム）という若者向けのインターネットメディアを立ち上げて成功したマーク・ジャンは、若者に向けたスピーチで「Think big」の重要性についてこんな形で語っている。

僕は、君たちに「答え」を与えたいのではなく、僕の話を聞くことで、君たちが改めて自分の人生を考える「きっかけ」をつかんでくれれば良いと思っている。何が正しい答えになるのかを、世界でただ一人知っているのは、君たち本人だけなのだから。

君たちは、これからの人生で失敗や挫折を経験するだろうけど、それは君たちがこれから成長するために、絶対に必要なことなんだ。僕はむしろ君たちに失敗や挫折を経験して欲しいと思う。この会場には、素敵な才能を持った若者が集まっている。君たちは将来きっと何か大きいことをやってくれるだろうと信じているよ。

僕は起業家になろうとする人たちを応援したいんだ。僕は、リスクを取って、あえて人と違う道を歩もうとする人たちを、応援したい。周りの人と同じ道を歩む必要なんてないんだ。できるだけ早く、多くの失敗や挫折を経験し、君たちはそこから何かを学ぶんだ。そして、大きなことを考えるんだ（Think Big)。人とまったく違うことに挑戦して欲しい。

（マーク・ジャン［＊24］：日本語訳は著者）

例えば、ワイヤレスコミュニケーションの通信速度を今より一〇倍速くすることができたら、半導体の製造コストを今より一〇倍安くすることができたら、世界はどれだけ変わるだろう。発光ダイオードの製造には、シリコンウエハーが三枚必要で、これを二枚にすることができれば、どんなに素晴らしいだろう。風力発電の効率を一〇倍にすることができたら、血液検査の判定時間を一〇分の一にすることができたら、携帯電話の起動時間を一〇分の一にできたら、電気自動車の充電時間を一〇分の一にできたら、東京―サンフランシスコ間の移動時間を一時間にすることができたら、それは素晴らしいことだ。

昔から変わっていないものに対して疑問を持つのも良いだろう。年々製造ラインが効率化されているはずの缶ジュースの値段はなぜ一〇分の一にならないのだろうか、ＪＲの乗車料金はなぜ一〇分の一にならないのだろうか、**毎年ほとんど同じ内容を話しているのに、**

**なぜ大学の授業料は一〇分の一にならないのだろうか、**なぜ銀行の振込手数料は一〇分の一にならないのだろうか、なぜエアコンの大きさは一〇分の一にならないのだろうか（テレビ画面が大きくなるのは分かる、でもエアコンは小さい方がいいだろう）。

良い起業家になりたいのであれば、こうしたことを考えながら、一〇％の改善を目指すのではなく、一〇倍良い、一〇倍速い、一〇分の一の価格などを目指していこう。

## 良いアイデアの条件：熱狂的なファンと、それが心底嫌いな人を生み出しているか？

もう一つ、ビジネスの「アイデア」について起業家が必ずと言っていいほど直面することについて話をしたい。まず、起業してベンチャーを始めると、何一つとして物事が計画通りに進まないという現実にぶつかることになるだろう。起業家たちは、来る日も来る日も、正解がなく、白か黒かはっきりしない、不確かで曖昧な状況の中を走りながら、時に孤独感《こどくかん》にさいなまれ、ときに焦燥感《しょうそうかん》におそわれる。しかし、**ベンチャー企業というものは、その性質上、そもそも新しいことをする機関なのだ。そして残念ながら、人間というものは、新しいことをしている人を拒絶するものだ。**

ビジネスの「アイデア」に関して、人から拒絶されたとき、コテンパンにやられたとき、思い出して欲しいベンチャーの大原則がある。それは、

**「素晴らしい製品やサービスは、しばしば人の集団を、それが大好きな人と大嫌いな人に分離する」**

ということだ。過去に成功したベンチャー企業が生み出した製品やサービスの「アイデア」は必ずと言っていいほど、この道を辿っている。**例えば、男性と女性、子供と大人、日本人とアメリカ人とロシア人、全ての人にウケる完璧な商品を作ろうなんて考え始めると、当初の思いとは裏腹に、それは「普通で」「面白みのない」商品になってしまう。**

**考えてみてほしい、世界市民全員が好きな商品なんて、要はトイレットペーパーとか封筒とか、既に世の中に溢れているものなのだ。**そんなの面白くないだろう。良い「アイデア」は、最初はただ「新しい」という理由で人からコテンパンにされるものなのだ。一方で同時に、良い「アイデア」は熱狂的なファンをも生み出すということだ。

少し変わった例をあげよう。ＫＩＳＳ《キッス》は、一九七〇年代中期を代表するアメリカンハードロック／ヘヴィメタルバンドとして知られている。いわゆる「ヴィジュアル系」の原点とも言われているバンドだ。正直、彼らの容姿《ようし》を見た人たちは、「最高にクールなバンドだな」と思うか、「なんだこの歌舞伎マニアのアメリカ人は」と思うかどちらかだろう。苦手な人にとっては、嫌悪感以外なにも生まれてこないかも知れないが、一方で、これにハマる人たちからは「自己主張がしっかりしている」「自分がある」「メッセージ性がある」などの理由で、カリスマとして崇《あが》められる。つまり大嫌いな人たちがいる反面で、このバンドは熱狂的なファンを生み出してきたのだ。これが良いサインなのだ。君がもし良い「アイデア」を思い付いたら、人に話して拒絶されることをきっと経験するだろうから、そのときはこの原則を思い出して欲しい。

**現に、KISSは全米ヒットチャートの上位に入っていたのだ。もし彼らがTシャツにジーンズ姿で歌っていたら、もし彼らがスーツを着て歌っていたら、もし彼らが顔を白塗《しろぬ》りしないで歌っていたら、彼らは誰にも気づかれず、熱狂的なファンも、彼らのことが大嫌いな反対派も生み出さずに、ちょっと歌の上手いインディーズバンドで終わっていたに違いない。**

もう一つ例をあげよう。前出のガイ・カワサキが、かつて笑い話にしていた話だ（＊25）。車のデザインは、個人によって好き嫌いがはっきり分かれる分野だ。トヨタのbB《ビービー》という車を知っている人は多いだろう。数年前、かなりの頻度《ひんど》でTVコマーシャルを展開していたので、君もどこかでこの車のデザインを見たことがあるかも知れない。トヨタっぽくない四角い箱のようなボディデザインはインパクトが強かった。これを見た人はやはり、「最高にクールなデザインだ」と思うか、「なんでトヨタは、VOLVO《ボルボ》を解雇されたデザイナーを使って新車を開発したんだろう」と皮肉りたくなるか、どちらかだろう。

しかし、このトヨタっぽくない車はよく売れた。二〇歳代の男性をターゲットに、とてもトヨタが出したとは思えないフォルム（ボディの形）で売り出したこの車は売れたのだ。もしこの車が、現在の角張った形ではなく、丸みをおびたフォルムで、黒やオレンジではなく、白や黄色やブルーを基調にした車だったとしたら、日産マーチや同じくトヨタのヴィッツ、マツダのデミオと代《か》わり映《ば》えがしないという理由で、誰にも相手にされなかったに違いない。

**もう一度言おう。全員にウケるということは、結局は「普通」ということなのだ。売り込みに行って、拒絶されもしないし、熱狂的なファンにもなってくれないということは、相手にとって「想定の範囲内」ということで、驚かれない代わりにさしたる関心も払われない、ということなのだ。**だから、発想を逆さまにして、できるだけ大嫌いな人が出てくるように頑張ろうと考えたって良いじゃないか。そうしたらきっと、同じくらい大好きな人が出てくるのだから。

最後に、色んな事をやろうと思って、利用者の欲求を全部満たそうとして、結局何がなんだか分からなくなってしまった例の一つとして、スイスアーミーナイフの例を挙げよう。スイスアーミーナイフというのは、極めて小型のナイフ、缶切り、栓抜《せんぬ》き、ドライバー、ペンチなどを、可能な限り詰め込んだ、多機能な折り畳みナイフのことだ。製品によっては、やすり、虫眼鏡、のこぎり、筆記用具、方位磁針、懐中電灯《かいちゅうでんとう》など、様々な道具が組み込まれているものも販売されている。

この製品は、これ一つでおよそ何でもできそうな気がするが、結局日常的な生活シーンでこのナイフを使うことは、ほとんど無いといって良いだろう。それはどの一つの機能をとってみても、使い勝手が極端に悪いからだ。包丁として使うには小さくて力が入りにくい、ペンチとして使うにも小さな部品にしか対応できないし、小さな虫眼鏡を使う機会は実はほとんどない。**理由を挙げればキリが無いが、要は何でもできるようにした結果、一つひとつの機能を少しずつ犠牲《ぎせい》にするしかなかったのだ。**

もちろん陸軍が敵地に赴《おもむ》いた際、備品として、周りに誰の支援もなく、居住スペースも確保されない極限の状態であれば、このアーミーナイフを使う場面があるかも知れない。そうだ、ちょっと古いが「ランボー」（ベトナム戦争の元兵士を題材にした映画の題名。主人公も同名）ならこれを使うかも知れない。ただ、これを使うのはランボーだけなのだ。ちょっと待てよ、と考えてもらいたい。我々が電車に乗りバスに乗り、学校に通い会社に通う中で、はたしてランボーはいるだろうか？

結局、実用性を失ったスイスアーミーナイフの売り上げは伸び悩むようになり、現在ではスイスのお土産やアウトドアライフのアイコン、もしくはマニアのコレクションとして命脈《めいみゃく》を保つだけとなっている。

それならば、思い切って「切れ味が一〇年落ちない特殊素材を焼き付けた包丁」などを作ったほうが売れるだろう。ペンチももっと「グリップ部分の素材を工夫し、何度握っても疲れないペンチ」などを作ったほうが良いかも知れない。**起業家を目指すならば、機能の盛り込みすぎを避け、好き嫌いがはっきり分かれるような事業の「アイデア」で勝負しよう。**

## 形のないものに人はお金を払わない。まずは張りぼての試作品を作ってみよう

商品でもサービスでも、なんでも最初から完璧なものを作って売ろうとすると際限なく時間がかかってしまう。また、作っている途中で「本当にこれは売れるのだろうか？」と心配になってしまい、どんどん細かいところに目が行って、先に進めなくなってしまう人が多い。

どんな賢人《けんじん》であれ、未来なんてそもそも予測できないということを、もう一度心に留《と》めておいて欲しい。売れるかどうかなんて、誰にも分からない。**大切なのは、売れるかどうかなんて分からないけれど、売れると信じてまずはどんどん先に進んでみるということだ。**そして、この段階で先に進むというのは、要は自分が考えた「アイデア」を「具体的な形にしてみる」ということなのだ。

**事業アイデアを思いついたら、すぐに「試作品」を作ってみよう。明日ではなく、今日作ってみるのだ。試作品はボロボロでも良いのだから。とにかく早いタイミングで一応の形にしてみて、さらにそれを人に見せてみる。**こうして、少しずつ前に進んで行くのだ。

部屋にこもって考えに考えて、最後に素晴らしい完成品ができあがるなんて、それはビジネスを経験したことのない人の幻想だ。それに何より、一〇年も考えてから、意を決して作った製品を、いざお客さんに売りにいってみたら、簡単に拒絶されてしまったということになると、ショックで立ち直れなくなってしまうだろう。

だから、早いタイミングで、言い訳ができるタイミングで「これはあくまで試作品です」と言ってお客さんに見せてみるということが重要なのだ。試しに作った「試作品」を見せてみるという行為は、お客さんの希望にもかなっている。なぜなら、**お客さんというのは、細かいことは置いておいて、まずそれが丸いのか四角いのか、それを最初に見せて欲しいと思うものだからだ。**

ペイパルは、インターネットを利用した決済サービスを提供するアメリカの企業だ。ペイパル口座間やクレジットカードを利用した送金や入金を行っており、世界最大規模の海外オークションサイトであるイーベイの膨大な取引を支える決済サービスとして、アメリカを中心に世界中で広く普及している。

そんなペイパルの創業者のうちの一人であるマックス・レブチンが、当初考えていたビジネスの「アイデア」（当初は暗号技術を開発する会社だった）からペイパルの決済ビジネスに辿《たど》りつくまで、事業に関するいくつもの「アイデア」を、毎週のようにどんどん試していった様子は、実に起業家らしい。

うまくいっていることがわかるまでは、自分たちが何者かということは明確にならないと思います。それまではPRをして、自分たちが何をしていてどういう人間かをすべての人に言ってまわります。しかし、創業からペイパル（にたどり着く・著者注）までの間は、「今週はこれこれのことを試しています」という状態でした。毎週、投資家のもとに出向いては、「私たちはこれをしています。これです。本気でやっています。私たちは巨大になります」と言い、次の週になると、「あれは嘘でした」と言っているような感じでした。

（マックス・レブチン［＊26］）

こうして、どんどん事業の「アイデア」や方向性を変えていった結果、最終的にペイパルの「アイデア」に辿りつき、そして二〇〇二年初めに株式を公開した後で、ペイパルはイーベイから一五億ドル（一五〇〇億円）で買収されることになった。マックスが超大富豪になったのは言うまでもない。この時マックスは二七歳だった。

なんと彼はその後も起業家として活躍している。二〇〇四年、マックスはマイスペースやフェイスブックといったソーシャル・ネットワーキング・サービスに個人的なメディアの共有サービスを提供するスライド社という会社を設立した。スライド社は二〇一〇年八月、グーグル社に一億八二〇〇万ドル（一八二億円）で売却された。その後、マックスはグーグル社の技術担当副社長やヤフーの取締役を務めることになった。

試作品を早く作ることの重要性、そこから何度も失敗することを経て、完成品に近づいていくということについて、具体例をもう少し見てみよう。アメリカのどの家庭にもあると言われる「ＷＤ‐40」という潤滑油《じゅんかつゆ》の名前の由来は非常に面白い。実は三九回潤滑油の試作品を作って失敗し、四〇回目の試作品が売れたので、たまたまこういう名前になったのだそうだ。だからＷＤ‐40。単純だろう。まさか、そんな安易なネーミングをする人たちが世の中にいるとは思わないだろう。しかし、現実世界では、そんな人たちが億万長者になって、大きい家で、またまた変なことを考えている。こうして世界は回っているのだ。

もっとすごい例をあげよう。**日本の家電量販店や特徴的なテレビコマーシャルで有名になったダイソンという掃除機を知っているだろう。創業者のジェームズ・ダイソンは、最初の掃除機が売れるまで、五年間という時間をかけて、実に五一二七個の試作品を作った。試作品を作っては売りに行き、修正し、また作っては売りに行く。**こういう姿勢こそが世界をひっくり返す起業家の姿なのだ。

前出のデザイン会社アイディオのトム・ケリーはたくさんの試作品を作ることで完成品に近づいていくビジネスの進め方について、「仕事の一つひとつを実験としてとらえれば良いんだ。**分《ぶ》厚《あつ》い本を一気に読もうとするのではなく、まず一〇ページ読んでみる。そこからまた次の一〇ページを読んでみる。そのうち全ページ読み終わっている自分に気づくのだから**」と言っている。

グーグルはこのあたりの勘どころをよく押さえている。彼らがよく使う魔法の言葉を教えよう。「ベータ（β）版」という言葉だ。グーグルは、何か新しいサービスを始めるたびに「これはベータ版です」という言葉を使う。**つまり「試作品です」ということだ。これで良いんだ。最初から「完成品です」なんて言ったって、どうせ後から直さなければいけない修正ポイントがどんどん出てきて、クレームが殺到するのだから。**「ベータ版」という便利な言葉を使えば、たくさんのことを試すことができる。ダメだったらすぐ止めれば良いのだ。そして、もしお客さんからの反応が良かったら、その時はもっともっとやれば良い。

新しいことを実現するためには多くの実験が必要で、実験には失敗がつきものだ。そして、失敗することに慣れていなければ、実験を楽しむことはできないだろう。**実験をしなければ、新しいことを実現することはできないし、新しいことをしなければ、一生成功はしないのだ。だから、失敗を恐れず、まずは何度も何度も試作品を作ってみよう。**

## 売れるかどうかは、売ってみなければ分からない。さぁ、売りに行こう

お客さんに製品やサービスを見せる前の段階で、商品の品質に関して来る日も来る日もテストを繰り返すのは考えものだ。もちろん「良いもの」を作ることは重要だが、起業家にとってそれ以上に重要なのは「売れるもの」を作るということなのだから。そもそも、**製品やサービスには必ず欠陥《けっかん》がある。この欠陥を無くしてから販売しようとすると、いつまで経っても販売は開始されない。時間は有限なのだ。**

発売する前の製品やサービスについて、事前に全ての欠陥を見つけることなどできないと、最初から頭に入れておくのだ。商品やサービスをテストするのは自分一人（もしくは自分の会社の従業員のみ）しかいないのだし、自分という人間は、それを作った当初の「思い込み」から逃れることができないのだから。ここには相当きっぱりとした割り切りが必要で、おかしな話に聞こえるかも知れないが、早いタイミングでお客さんになる人たちに自分の製品やサービスを買ってもらったり、使ってもらったりして、できるだけ早く実際のお客さんからフィードバック（良いとか悪いとかの反応）をもらうことが重要なの

だ。

何となく、人のふんどしで相撲を取っているように見えるだろう。実はその通りだ。ベンチャーは資金の少ないチームなのだから、きらりと光る自分の製品やサービスの中核部分以外に使うことができるお金と時間は少ないのだ。もちろん、この前提として、**誰だって限られた時間の中で、自分で一生懸命欠陥を探してはみるのだが、最終的にはそれでは間に合わないということだ。**

ソフトウェアの産業では、近年これは常識になってきてもいる。「製品出荷段階でバグ（コンピュータプログラムの製造上の誤りや欠陥）の無いソフトウェアは無い」という暗黙の前提が成り立っているので、出荷の後にユーザーグループ（ある製品に対する使用者の集団。友の会のようなもの）などから、バグの情報についてのフィードバックを受け、このフィードバックを頼りに製品にその都度《つど》修正を加えていくというやり方が主流になりつつあるのだ。

マイクロソフト社に買収された無料のウェブメールサービスであるＨｏｔｍａｉｌ（ホットメール）の創業者サビール・バティアはこう言っている。「ソフトウェア・エンジニアは、非常にクリエイティブにソフトウェアを考え、組み立てていきます。飾りとして役に立つものをいくつもつけていきますが、『どうってことないさ。バグがあれば直せばいい。パッチ（修正プログラムのこと）を突っ込んどけ』という考え方をしています」と。

**製造業であろうが、サービス産業であろうが、同じ発想を持つべきで、バグを取りつくしてから出荷しようと考えるのではなく、出荷したあとに、自分の商品やサービスのバグを取っていくという逆の発想を持つことが重要なのだ。起業家は売ってから考える。考えてから売るのではない。**

お客さんのフィードバックに関して、僕が確信を持っている一つの経験則について話をしたい。それは、

## 「実際に買ってくれた人の話だけを聞こう」

という原則だ。ベンチャー企業を経営して、僕は何度も経験することになったのだが、営業に行って「う～ん、ここをもうちょっと○○にしてくれたら社内で検討できるんだけどなぁ」というようなフィードバックをする人（会社）には注意が必要だ。それを改善して持って行っても、次は○○、今度は○○と色んなことを言いながら、結局一つも購入してくれない。つまりまだお金を払ってくれているわけではないのに、入口の要求ばかりどんどん上げてくる人（会社）は、最終的に良いお客さんにならないことが多い。

一方で、自分の製品やサービスをまず買ってくれた上で「次の製品（やサービス）では、ここを改善してくれるとありがたい」「今後はもっと○○にして欲しい」というフィードバックをくれるお客さんを大切にするのだ。それは、実際に「買う」という決断をしてくれた人たちで、だからこそフィードバックにも力が入るし現実感が出てくる。

買ってくれ「た」人が、それを買ってくれた理由というのは、これから買ってくれ「る」人がそれを買う理由に近いはずなのだ。**現状の「ありのままの姿」で買ってくれる人を一番大切にすると良い。**これは表現を替えれば、「熱狂的なファンの意見をまず取り入れる」ということだ。

ベンチャーにとって、何よりも買ってくれるお客さん、お金を払ってくれるお客さんが大切だと言うことだ。「現状に不満がある」から、もしくは「もっと○○になりたい！」からこそ、そのお客さんの「思い」にズバッと刺さるような解決策を、製品やサービスとして提供することができれば、たとえそれが相当荒削《あらけず》りであったとしても、喜んでお金を払ってくれる人たちがいるのだ。

**自分からすると「こんな品質で本当に大丈夫かな」と思うような製品やサービスであっても、それが相手の求める枠組みの中に納まっている限りにおいては、絶対に文句は言われないものだ。これは実際にものを売ってみないと分からない感覚なので、文章では伝え**

**づらいのだが、喜んで買ってくれたお客さんの笑顔を見ながら「えっ、本当にこれをこんな金額で買ってくれるの？」ということは多いものだ。**

提案書を作ってくれというので、徹夜しながら三〇ページの提案書を作って行って、直せと言われたので何度も修正する。こうして最終的には「上司が難色を示していて」「もっと面白い提案があれば、またよろしく」なんてことは非常に多い。一方で、提案書なんて一枚も書いていないのに、「御社のサービス（もしくは製品）は素晴らしいですね。お金は今月振り込みますからね」と言ってくれるお客さんもいるのだ。この違いに早く気づき「買ってくれる」お客さんに焦点を合わせることがベンチャーにとっては何より大切だ。

試作品を作っては修正するという作業を数回やったら、まずはお客さんになりそうな人（お客さん候補）に当ててみることが重要だ。つまり、早いタイミングで実際に売ってみるのだ。**最初の最初は、君の製品やサービスを友人や知人、彼氏や彼女に使ってもらおう。そして簡単なフィードバックをもらったら、もう準備完了だ。さあ、売りに行こう。**

# 第3章

「シリコングラフィックスがだめというわけじゃないけど、
どうしても一億ドル（一〇〇億円）欲しいんだ」

（ジム・クラーク：シリコングラフィックス社を辞め、ネットスケープ社を起業する直前に言った言葉）

# 誰に、どうやって売るのか？

## 起業家が体系的にものを売るための、いくつかのステップ

君は、自分が好きでたまらない分野で起業する「オタク」だろうか、「生活」のために起業をする人だろうか、はたまた何らかの「使命」に導かれて起業する人だろうか。他人からご指名されるのを待つのではなく、自分で自分を社長にするという選択をして、金ではなく意味を求めて起業する準備はできただろうか。正解を考えるのではなく、正解を自分で作るという曖昧な環境の中で、周りの同級生と違う人生を歩むことに喜びを見出せるだろうか。そしてリーグ戦の中で、多くの失敗を経験することが、逆説的ではあれベンチャー成功の可能性を高めるということを、何となくではあっても理解し、そろそろ行動に移す勇気を持つことができただろうか。

一緒に起業してくれる仲間にもう声はかけただろうか。断られても毎日電話して、会って、口説き続けているだろうか。問題意識を持って街を歩き、仲間と意見を交換する毎日の中で、頭の中にはすでに起業するための「アイデア」が生まれただろうか。それとも「アイデア」が今はなくとも、会社を作ってからアイデアを溜め込んでいくということもできることを知っただろうか。君のアイデアは他と比べて一〇%ではなく一〇倍良いもの

で、熱狂的なファンを生み出す代わりに、たくさんの人からしっかりと嫌われているだろうか。そして、頭に思い浮かぶ誰かの問題を解決するために、既に張りぼての試作品を作っただろうか。

いいぞいいぞ。その調子。あと一息だ。

**さて、ここからが後半戦だ。起業家が製品やサービスを「売る」ということについて考えていこう。**何しろベンチャー企業には「ブランド」や「信用力」「安定感」なんてものは無いのだ。だから、君のアイデアが、「現状に不満がある」もしくは「もっと○○になりたい！」というお客さんの「思い」に対してズバズバッと刺さらない限り、製品やサービスは売れないだろう。逆に、名前なんか無くても、有名なんかじゃなくても、君のアイデアが詰まった製品やサービスが、お客さんの望む枠組みの中に納まれば、飛ぶように売れる日がきっと来るだろう。

では、そもそも製品やサービスを「売る」ということはどういうことなのだろうか。製品やサービスを「売ろうとする」活動全体のことをマーケティング活動と呼び、また対面でお客さんに製品やサービスを売り、お金と交換する行為のことを営業（セールス）と呼ぶが、これはいったい何をどうすることなのか？

単純に考えてみよう。君の作った製品やサービスを売ると言っても、世界には七〇億人も人間がいるわけだから、君の作った製品やサービスを欲しいと思っていない人たちに向けて売り歩いたとしても、なかなか成果はあがらない。そして来る日も来る日もお客さんに拒絶され続けていると、少しずつ気持ちが萎《な》えてくるものだ。**起業家にとって、自分の「アイデア」や「計画」が入口段階で拒絶され続けることを想定しておくことは必要だが、「売るための技術」を体系的に身に付けておくことも重要なのだ。**大丈夫、心配する必要はない。意外と簡単だから。ここで、必要になってくるのは、

**「熱狂的なファン『候補』の人たちはいったいどこにいるのか？」**

という質問、そして、

**「どうしたら『候補』の人たちに火をつけて、熱狂的なファンになってもらえるか？」**

という質問にきちんと答えられるかどうかなのだ。こうしたことをしっかりと仮決めし、

売ってみて、失敗して、修正する。このパターンを何度も繰り返すということが、体系的に製品やサービスを売ろうとすること、つまりマーケティングをするということなのだ。

例えば、君が趣味で量子暗号の解読プログラムを完成させてしまったとしよう。何しろ世界には人がたくさんいるのだ。買ってくれる見込みが無いお客さんに声をかけることに時間を使い過ぎると、あっという間に時間切れになってしまう。まずは、君の作ったそのプログラムに興味を持ってくれそうな「お客さん候補」に声をかけてみることから始めよう。

それは暗号技術であり、国家秘密を守ることに役に立つかも知れないから、最後の最後は防衛省やFBI、CIAが買うのかも知れないが、その前には国防に関連する技術を扱っている民間の電子機器メーカー、具体的にはNECや東芝、日立製作所といった企業などが興味を持ってくれるかも知れない。

では、それらの企業が自分のプログラムを買ってくれる「お客さん候補」だったとして、どうやったらそれらの企業の担当者に会うことができるのだろうか。受付から電話すれば担当者と話をすることができるのだろうか？　彼らに手紙を書けば良いのだろうか？　人的なコネクション（人脈）を使って友人からの紹介で会えば良いのだろうか？

ＮＥＣの一点張りで上手くいけばいいが、できるなら東芝や日立製作所の担当者にも会うだけ会っておいた方が良いだろう。何しろ僕たちはベンチャー企業だ。いつ先方担当者の気分で自分のアイデアが不採用になるかなんて分からないのだから。ある程度の数の「お客さん候補」リストを作っておくべきだ。

もしお客さん候補の企業（君が個人向けのモノやサービスを作ったのなら、それは企業ではなく個人の消費者だ）に会うことができたとして、君はどんな提案をするだろうか。君のアイデアは、他の人たちが持っているアイデアと比べてどれだけお客さんが困っていることを早く、もしくは安く解決できるのだろうか。どんな内容を、相手に向けて提案するのだろうか。

この章では、ベンチャー企業が製品やサービスを売る際に覚えておくといい以下のことを中心に話をしよう。

・「お客さん候補」を、どうやって特定すれば良いのか？
・「お客さん候補」に会うきっかけを、どうやって増やしていけば良いのか？
・「お客さん候補」に会うことができたとして、どうやって納得してもらい、買ってもらえば良いのか？

・自分が全く想定していなかった人たちが新たに「お客さん」として登場したときはどうすれば良いのか？

**起業家にとって、創造性を発揮する分野は基本的に「アイデア」や、それを具体化した製品やサービスだ。マーケティングに関しては割と体系的な方法論があるので、これに沿ってトライ&エラーを繰り返し、自分なりのパターンを摑んでいけばいいだろう。**

## まず、「何度も何度も断られる」ことを計画に織り込んでおこう

君があるアイデアを思い付いたとする。そして今それを試作品として形にし、手に持っている。それは大企業が抱えている問題を解決する可能性のあるサービスで、君はその解決策に自信を持っているとしよう。どうにかしてこのサービスを大企業に売りたいところだ。

さて、君ならどう売るか?

売り方を思いつかなければ、まずはあまり考えずに、大企業の受付(代表電話)に電話してみると良い。どれだけ自分が売りたい相手、会って話を聞いてもらいたい担当者に辿り着くことが難しいかが分かるはずだ。僕がその昔、ある小さなベンチャー企業の役員として新規事業開発を行っていたとき、サービスを買ってくれる可能性があると思った企業何十社かの代表番号に対して、片っ端から電話をしたことがあった。結論から言おう。当時は全く想定していなかったことだが、先方の担当者と話をするという以前に、受付から

お目当ての担当部署につないでもらうことすら非常に難しかった。人に会えないのだ。

**この感覚は実際に体験してみないと分かりづらいと思うので、この書籍を読んでいる人は、とりあえずこの電話作戦をすぐにでもやってみて欲しい。僕の言っていることの意味がきっと分かるだろう。**何よりまず最初に代表電話に出るのは、ビジネスのことにあまり興味がない受付の人たちなのだ。そして、受付の人たちも結構こうした営業電話を断り慣れている。向こうは極めて優しい声で、「失礼ですが、まずは担当部署宛てに資料をお送りいただけますか」とか言ってくるのだから。そして君が資料を送れば、即ゴミ箱行きだ。

ある日、ある有名な電力会社の受付に電話をして「これこれこういうメリットがあるから、ぜひ御社の企画担当部署の人と直接話がしたいのです」と電話口でお願いし、とても感じの良い受付の人から運よく新規事業担当の部署へ電話をつないでもらったことがあった。さぁ真剣に話をするぞ、と意気込んでいた僕はその数十秒後に、唖然《あぜん》とすることになる。**電話口に出てきた担当者は、僕が受付を経由して電話をつないでもらったことに対して「こんな営業電話は失礼だ！」と一五分以上に渡り、鼻息《はないき》荒く説教をしたのだ（そんな時間があるのなら、話を聞いてくれれば良かったのに）。**

さらに、僕が役員をやっていた会社に対してクレームをつける目的で、僕の名前や会社の住所・電話番号などを聞かれることになった。僕はその時、悪いことなどしていないはずなのに、まるで警察にでもつかまったような気がしたものだ（もちろん僕は正々堂々、自分の氏名や電話番号を伝えた。先方にとってもメリットがあると思える提案だったし、僕は彼に真剣に話を聞いて欲しかったのだ）。

エキサイトの創業者であるジョー・クラウスも、検索エンジンのサービスを始めた当初、電話によるマーケティングで痛い思いをしたそうだ。彼に少し語ってもらおう。

---

私はその頃にあだ名をもらいました。「電話少年」です（今もそう呼ばれています）。（エキサイトを始めた頃の）私の毎朝の仕事は、ウォール・ストリート・ジャーナル（WSJ：米国で最も有名な新聞の一つ）を読んで、検索エンジンに興味を持ってくれそうな人を探し、電話をかけることでした。ですから、私の電話はいつも勧誘《かんゆう》の電話で、「WSJであなたのお名前を拝見したのですが、私たちは小さなスタートアップで……」というような感じでした。もっとよい方法を知らなかったのです。これでは、私たちのことを真剣に考えてくれる人が出てくるはずがありません。

（ジョー・クラウス［＊27］：著者による加筆・再編成）

---

ジョー・クラウスもそうだし、僕もそうだが、こうした入口での痛い経験をして初めて、

製品やサービスを効率よく売ることの重要性、マーケティングの重要性に気づくことができるのだ。

前出のガイ・カワサキはこう言う。「起業家になりたいのであれば、消費財《しょうひざい》メーカーのP&Gなど、ものを売るということを体系的な活動ととらえている会社で経験を積むか、技術系ベンチャー企業で働いてみると良い」と。なぜならベンチャー企業には知名度やブランドが無く、しかも相手が見たこともない新しいものを売ろうとする結果、入口では必ずお客さん候補からの手痛い「拒絶」にあうことになるからだ。

**ベンチャー企業で働けば、「いかにものを売るのが難しいか」ということを肌身で感じることができる。そして必要に迫られて、どう売れば良いのかを真剣に考えることになる。有名企業の名刺を持ってお客さん候補の開拓などに出かけても、残念ながらこのリアリティは実感できない。**有名企業は有名だという理由だけで人が会ってくれることがあるからだ。自分の提供している製品やサービスが本当に素晴らしいかどうか、自分のセールス活動がしっかりしているかどうか（それはベンチャー企業にとっては本当に重要なことだ）は、ベンチャーにおける、こうした生身の経験でよく分かるのだ。

**ガイ・カワサキはさらに続ける。「できれば〝失敗する〟ベンチャー企業に参画すると**

**良い」と。なぜなら、失敗を経験すればこそ、自分の何が悪かったかをよく知ることになるので、短い時間の中で起業家として早い成長をすることができるからだ。**ベンチャー企業であるという時点で「ブランド」による信用補完という要素を消すことができる。だから自分が実際に売ってみて、それがどんな「結果」になったとしても、その結果は、君の製品やサービス、そして君の「売り方」の良し悪しが原因になっていると、明確に分かるのだ。

拒絶されることはつらい。ではこの状況を起業家たちはどのように乗り越えてきたのか。そこには大きく二つのコツがあるように思う。一つは「誰に何と言われても、自分の製品やサービスは素晴らしいんだ」と心の底から信じていて、だからどんなに拒絶されようと「この人が分かっていないだけだ。きっとこの製品の素晴らしさを分かってくれる人が登場するはずだ」と毎回ポジティブに考えること。

もう一つは、**起業家は人に新しい価値を届けようとしていること、そして人は新しいことを拒絶する生き物なのだということ、つまりこうした人間の習性というものをよく知るということだ。**要は、ベンチャーをやる以上は、「何度も何度も断られる」ことそれ自体を、自分の計画に織り込んでおかなければならないのだ。

## 具体的に顔や姿が想像できる「最初の」「お客さん像」を持とう

製品やサービスを売る際には、トライ＆エラーを何回繰り返せるかが重要だ。お客さんを仮決めし、売ってみて、失敗して、修正する。このパターンを何度も繰り返すということが、体系的に製品やサービスを売るということだ。

お客さんに対するセールス（営業）に関しては、まず自分がお客さんと思う会社や人を「仮」でも良いので想定してみよう。つまり、

**「こんな人だったら、こんな会社だったら、自分が創り出した製品やサービスを必要としているのではないか？」**

とか、

「こんな人や、こんな会社の具体的なこういう問題について、自分の製品やサービスは、より早く（もしくはより安く）、問題を解決することができるのではないか？」

といったことが思い浮かぶ相手の顔や姿、つまり「お客さん像」をまずは想像してみるということだ。そして、次のステップでは、その想像している相手と接点を持つことが必要になる。さらには、**手を替え品を替え、そのお客さん候補に売ってみて、もしそのお客さん候補が買ってくれないのであれば、もっと他にお客さんがいるのかも知れない、と思いながら売り歩くことが重要なのだ。**

起業家精神は、よく旅に例えられる。失敗を繰り返したとしても、それは「負け」ではなく「勝ちの途中」なのであって「これは旅の途中なのだ」と思い続けるというメンタリティを持つことが重要だ。成功するためには、早いタイミングでできるだけ多く失敗するほうが良い、という不思議で逆説的な世界だが、これが現実なのだから。

個人であれ会社であれ「現状に不満がある」か「もっと○○になりたい！」という欲求を強く持っていて、君がそれを解決してあげられる何らかの「手立て」を持っていれば、相手は喜んでお金を払ってくれる。この手立てを「アイデア」とか「ビジネスモデル」と呼んできた。つまり、よく考えれば、実はビジネスの「アイデア」を考えたときに「お客さん像」というもののイメージについて、既に大枠としては考えられているということだ。つただ、ここで重要なのは、もう少し具体的なお客さん像を考えていくということだ。つまり、色んな人に興味を持ってもらえる可能性はあるかも知れないが、その中でも特に自分の製品やサービスが刺さるのはこんな人たちではないか、こういう人たちに売ると高く買ってもらえるのではないか、こういう人たちなら一度に大量の注文をくれるのではないか、こういう人たちに売ったほうが販売に関する経費があまりかからない（効率よく売れる）のではないか、ということを考えながら改めてもう少し細かく見ていくということだ。

ここで一つ具体例をあげよう。ポール・グレアムは一九九五年にオンラインストア構築用のソフトウェアを作るヴィアウェブ社を創業した起業家だ。ヴィアウェブ社は一九九八年にヤフー社に買収されてヤフーストアになったことで有名だ。ポールはかつてインタビューでこう語っている。

私たちが勘違いしていたことで特に大きな意味を持っていたことは、通信販売会社が顧客になってくれるだろうと思っていたことです。今はもうすべての通信販売会社がオンライン販売をしていますが、当時の通信販売会社は、ウェブなんて聞きたくもないという感じでした。これは一九九五年末から九六年初めにかけてのことです。多くの人々が、まだウェブにアクセスさえしたことがなかった頃です。ですから、通信販売会社の中間管理職の人々に電話をかけても、彼らはウェブなんてなくなればよいという感じでした。……

**私たちのソフトウェアを本当に必要としていたのは、アンティークのチェス用品などの特殊なものを売っていて、それまでは客が店に来なければものが売れない、あるいはときどきコピーした商品の価格表を、見込み客に郵送していた個人商店の主人たちでした。こういった人々にとっては、通信販売会社がしているのと同じようなことができるということで、ウェブは非常に大きな意味がありました。**

**(ポール・グレアム [＊28]:著者による加筆・再構成)**

ポールがヴィアウェブ社を創業したときには、企業は今後オンライン販売を加速していくのではないか、だとすればオンラインストア構築用のソフトウェアが必要になるのではないか、という程度までしか「アイデア」は検討されていなかった。そのタイミングでポールは試作品を作ってまずは売りに出かけたのだ。確かに今となっては大半の企業がオンライン販売を行っているのだが、ここで重要なのは、誰が「最初の」ユーザーになるのか、誰が「最初の」お客さんになるのかということだ。

ベンチャー企業は資金に限りがあるので、この「最初の」お客さんを見つけるまでに時間がかかればかかるほど、経営が苦しくなってくる。逆算すると、ベンチャーにとって望**ましい最初のお客さんとは、荒削りであっても問題の核心を突く君のアイデアにお金を払**

**ってくれて、比較的厚めの利益を乗せて喜んで買ってくれ、かつ自社にとって販売に関する経費が少なくて済むようなお客さんのことだ。**ポールが最初に目をつけたのは通信販売会社だった。しかし何度か電話をしても上手くいかないので、ポールはすぐさま小さな専門店などに目先を変えて「最初の」お客さんをつかんだのだ。

ではどうすれば仮ではあっても「お客さん像」を固めることができるのだろうか？　**この「最初の」お客さん探しについては、一つのコツがある。最初から大きな市場（たくさんのお客さん）を狙わないことだ。**もちろん誰だって、最初からできるだけ広い範囲でたくさんのお客さんを相手にして、売上をたくさん上げたいと思うだろう。ところが、これは「アイデア」について話したときにもそうだったが、世界中の誰からも愛される製品やサービスというのは、裏を返せば結局は「普通」のもので、普通の製品やサービスを最初から買いたいという人はなかなか出てこないのだ。前にも書いたが、例えばトイレットペーパーや封筒なんてものは、もう既に世の中にあるのだから、あえてベンチャーから買う必要はないということだ。

**大きな市場を狙おうとすればするほど、想像できるお客さん候補の顔からは具体性が無くなってくるものだ。だから「最初の」お客さんは、できるだけ同じ特徴を持っている数少ない企業や個人（これをニッチ市場と言う）が良い。**そうでなければ逆に君のメッセージ（製品やサービスが生み出す解決策）は、お客さんに対して鋭く刺さりはしないだろう。**君の作った製品やサービスが色々なことに対応できる機能をたくさん盛り込んだものであるならば、この「最初の」お客さんに対してだけは、逆に機能をそぎ落としてでもズバズバッと刺すくらいの気概が必要だ。**そして、「最初の」お客さんをしっかりとつかんだら、次のステップとして、そのお客さんをテコに、大きな市場に乗り出していくのが基本形なのだ。ハイテク製品に関するマーケティングの大家であるジェフリー・ムーアは、まずニッチ市場を攻めることの重要性についてこう語っている。

---

火を起こすことは、ボーイスカウトあるいはガールスカウトならだれでもできる。紙の上にたきつけ（火をつけるために用いる燃えやすいもの）と薪《たきぎ》をのせて火をつける、これほど簡単なことはない。

まずニッチ市場から攻めるというアプローチをとらないで大きな市場へ乗り移ろうとすることは、たきつけを使わないで薪に火をつけるようなものだ。火をつけるときに使う紙は、マーケティングのために使える予算で、燃やす薪はマーケットに潜んでいるビジネスチャンスだ。……

新市場に入っていくときには、自社製品が顧客の口コミ《くち》で評判になることが必須だ。ハイテク製品を購入するときには、口コミによる情報がもっとも信頼され

---

---

ているという調査結果が多数報告されてもいる。……

五つないし十の小さな市場で、一社あるいは二社の顧客を獲得しても、口コミの効果は現れない。……それとは対照的に、一つの小さな市場で四社あるいは五社の顧客を獲得した場合、口コミの効果が十分発揮されることになる。

（ジェフリー・ムーア［＊29］：著者による加筆・再構成）

---

「最初の」お客さん像について、まずは何パターンか考えてみると良い。**もう一度言うが、極めて「具体的に」お客さんの顔や姿を想像できることが大切なのだ。**なぜならベンチャー企業のマーケティング活動の効率は、どこまで小さな市場に対して自社が発信するメッセージを絞り込めるかにかかっているからだ。**「抽象的《ちゅうしょうてき》な」お客さん像しか想像できないということは、つまり大きいマーケットを狙ってしまっているということなのだ。**そうではなく、具体的なイメージになればなるほど、お客さん候補の数は減っていき、あるところまでくると相当検討しやすくなるということだ。

ニッチ市場を考えるにあたっては、初期の電子ブックリーダーが良い例かも知れない。今でこそアマゾンのＫｉｎｄｌｅ（キンドル）などがやっと普及し始めたが、昔からあったこうしたデバイス（閲覧装置）は、その普及までに相当の時間がかかっているのだ。電子ブックリーダーが市場に初めて登場したのは一九九八年の秋だ。それは「ソフトブック」と「ロケットeブック」というベンチャー企業によるものだったが、結果としてあまり普及はしなかった。彼らとしてやらなければならなかったのは、ニッチ市場を攻めることだったのだ。

電子ブックリーダーであれば、航空企業のシステム保守担当者なのか、患者さんを診察して処方箋《しょほうせん》を書く医師なのか、弁護士・公認会計士をはじめとする各種資格認定試験を受けようとしている人なのか、多くの書物を読む学生なのか、測量技師や野外調査を行う科学者のように遠隔地で仕事をする人なのか、屋外で書物を読む人なのか、いくつか考えてみて、その中から直感を頼りにして「最初の」お客さん像を選ぶということだ。

**そして、最初のお客さん像は、「たった一つ」に絞る必要がある。ダメなら次に行けばいいんだから、まずは思い切って一つに絞ってみるということだ。そして、とにかく一回はそこに全力投球するということ。**その中で、十分小さなニッチ市場で、お客さん候補が抱えている悩みがとても深く、感じている痛みがとても大きいと思われるところを狙い打ちするのだ。そして、どんどん市場を広げていき、最後には「書物を読む人」にまで拡大したいところだが、焦ってはいけない。それはアマゾン社のような大企業のビジネスだ。

二〇〇七年一一月に発売されたアマゾン社のキンドルは3G通信機能と膨大な蔵書を擁《よう》

したＫｉｎｄｌｅストアと呼ばれるオンライン書店を設置し、アップル社がｉＰｏｄ《アイポッド》とｉＴｕｎｅｓ《アイチューンズ》で見せたような複合型のビジネスを展開した。つまりデバイスも売るが、そのデバイスで楽しむコンテンツも同時に用意するというようなビジネスモデルということだ。こうしたモデルが上手くいき、キンドルは米国で利用者を爆発的に増加させることに成功した。二〇〇九年のクリスマスセールでは、アマゾン社自らが、キンドルがアマゾンで最も売れた製品であるということをアピールし、同時に電子版のコンテンツが紙版の売り上げをしのいだと発表している。

**ただし、マス市場（いわゆる「大衆」を対象に商品を売ること）を開拓するのに、最初の電子ブックリーダーのベンチャーが生まれてから九年もかかっているということを忘れてはならない。**一九九八年の段階で、「ソフトブック」や「ロケットｅブック」といったベンチャー企業は、絶対にこのマス市場を狙ってはいけなかったのだ。ここは我慢が必要だ。もっとずっと小さな市場にまずは攻め込むのだ。

面白いもので、ものを売っていると、お客さんのほうから「この商品、こんな使い方はできませんか？」と聞いてくることがある。全く自分でも考えてみなかった使い方を逆にお客さんが考えてくれることもあるということだ。これをヒントに、売り込む相手を変えていくということもある。

ところが、最初からあまり広く構えてしまうと、今度は逆にお客さん候補からフィードバックをもらっても、そのフィードバックの意味すら曖昧で、何がなんだかよく分からなくなってしまう。**だから、現時点で考えられる最も確からしいお客さん候補を想定しながら、汗をかきながら一生懸命売ってみるということが重要なのだ。**であればこそ、フィードバックをもらったときに、そこ（自分が考えるお客さん像）からのギャップや違和感というものがしっかりと認識され、これが次なる製品やサービス（もしくはその試作品）に活かされるという好循環《こうじゅんかん》を生むことになる。

## そのお客さんは、いつもどこにいるのかを考えよう

**要領良く《ようりょうよ》お客さん候補（自分がお客さんであると「想定した」人たち）を回って自分の製品やサービスを売っていくためには、そのお客さんが良く集まる場所を見つけておくと良い。**自分のお客さん候補が特に良く読んでいる雑誌や業界紙は何か、その人たちが必ずといっていいほど加盟している業界団体やクラブは何か、その人たちが良く行くパーティーはどんなパーティーか。その人たちは、どんな地域に住んでいて、どんな通勤（通学）経路でどこに向かって動く人たちなのか。夜になると、もしくは休日になるとその人たちはどこの駅のどんな場所に集まる傾向があるのか。**こういった人の集団の動きを目ざとく見つけ、そこに働きかけることができれば、たった数人に火をつけただけで、その他大勢の同じようなお客さん候補に火をつけることができるだろう。**

そのお客さん候補は、例えば個人の「属性《ぞくせい》」で言うとどんな人たちなのだろうか？　その人たちは男性なのだろうか、それとも女性なのだろうか。年齢は？　自分の商品やサービスを必要としている人たちは赤ちゃんだろうか、幼児だろうか、それとも小学生？　中

学生や高校生だろうか？　専門学校生や短大生、大学生だろうか？　ちょっと大人に憧れる社会人一、二年目の若者だろうか、それとも少し社会経験を積み子供が生まれたばかりの二〇代後半から三〇代前半の若者だろうか？　はたまた三〇代後半から四〇代のミドル、それとも安定志向の五〇代六〇代のシニア層だろうか？　もっと年齢が上だとすると、七〇代や八〇代以上の老年人口がお客さん候補なのだろうか？

職業という切り口でも少し考えを巡らせてみよう。その人たちはどんな職業についているのだろうか？　日々肉体を酷使《こくし》する肉体労働者だろうか、それともオフィスで一日中座り仕事の多いサラリーマンやOLだろうか？　リスクを取って戦う自営業の人たちだろうか？　違う切り口でいくと、消費の水準はどれくらいだろうか？　お金持ちはお金をたくさん使うと単純に考えれば、年収や貯蓄の金額などで考えてみても良い。世帯年収は二〇〇万だろうか三〇〇万だろうか、それとも四〇〇〜六〇〇万くらいの平均的な家庭だろうか？　一〇〇〇万円を超えている人たちがお客さん候補だろうか、それとも世帯年収が三〇〇〇万円以上の富裕層《ふゆうそう》と呼ばれる人たちを狙うのだろうか？　趣味なんかについてはどうだろう？　車に乗って外出するのが趣味だろうか、それとも映画を見ることだろうか？スポーツをやっていて食欲が旺盛《おうせい》な人たちなのだろうか？

今度は、こうした「属性」とは全く別の視点から考えてみよう。自分の製品やサービスを利用するシーンはどうだろうか？　家族団欒《だんらん》の時だろうか、それとも彼女（彼）の前で格好良くキメたい時だろうか、学生時代からの仲間内でワイワイ集まるときだろうか？はたまた一人でゆっくりしたい時だろうか？

**こうして性別や年齢、職業や世帯年収、趣味、利用シーンなどを考えていくことは自分のお客さん候補を見つける上で、またそのお客さん候補に働きかけるまでの道のりを見つける上で非常に有効だ。**こうしたあるひと固まりの人の集団をマーケティングの世界では「セグメント」と呼んでいる。

そのお客さん候補がもし企業などの法人だとすると、それはどんな業界に属しているだろうか？　医療業界だろうか、鉄鋼《てっこう》業界だろうか、造船《ぞうせん》業界だろうか、それともＩＴ業界だろうか？　業界という意味では、金融から資源、エネルギーや外食なんかもあるだろう。それぞれの業界にそれぞれ特有の悩みや痛みがあるに違いない。

会社の規模はどれくらいだろうか？　それは一～五人でやっている家族経営の零細《れいさい》企業だろうか、六～二〇人の従業員でやっている町の小さな工場だろうか、それとも同じ規模だが爆発前夜のベンチャー企業だろうか、それは二一～五〇人くらいの会社だろうか、五一～四〇〇人くらいの少し大きくなった会社だろうか、それともそれは四〇一人以上の会社だろうか、はたまたそれは一万人以上も従業員を抱える大きな会社だろうか。会社の規模によって必要なオフィスの大きさや備品の種類、経理や人事を含めた各種業務のＩＴ環境、会議の多さや情報端末を従業員が持つ必要性などが違ってくるので、規模によっても様々な悩みや痛みが出てくるだろう。

企業の中でも職種や部署についてはどうだろうか？　それは普段汗だくになりながら外回りをしている営業部の人たちだろうか、綺麗《きれい》なプレゼンテーション資料を作りプロモーション活動に明け暮れるマーケティング部の人たちだろうか、日々会社が発注した材料やら何やらを管理している調達部の人たちだろうか、それとも次なる製品のために研究開発をしている製品開発部の人たちだろうか、毎日できるだけ無駄なく効率的に品質の良いものを作ろうとする製造部の人たちだろうか、はたまた新卒・中途の採用や入社後のトレーニングなどを企画運営している人事部の人たちだろうか、会社の金勘定を一手に引き受け膨大な量のデータと格闘する経理部の人たちだろうか、会社の予算や戦略を立てている企画部の人たちだろうか。では、この人たちはいったいどこにいるのか？　法人の場合は個人よりずっと接点を持ちやすいかも知れないが、こうしたお客さん候補のイメージを考えていくことで、どうやって上手い接点を見つけていけば良いのかが分かってくるのだ。

**自分が本当に会いたい相手はどこにいるのか？　これをよく考えることだ。**まずはそのお客さん候補に会うための「道のり」をしっかりと考え、そして同時に、実際にその人々に会えたらどうやって自分の製品やサービスを売り込むかを考える。こうしてお客さんの開拓活動は始まっていくのだ。

**ここで、お客さん候補に売るための方法には大きく分けて二つあることを覚えておこう。それは「直接売ること」と「誰かに売ってもらうこと」だ。**ここはかなり単純で、販売チャネルと言えば難しく聞こえるが、要は売り方には二通りしかないということなのだ。**直接売るというのは、最終的に自分の製品やサービスを買って使ってくれるお客さん候補と自分が直接話をして売るということだ。まだ始まったばかりの初期のベンチャー企業が一《いっ》貫《かん》して成功を収めてきたモデルは、この「直接売ること」を想定したモデルだった。**

以前も話したが、成功した起業家は、比較的金額が大きく特注サービスの余地が大きい商品市場で、同業者よりもはるかに熱心に顧客のことを考えて商売して成果をあげてきた、という統計結果があるくらいなのだ。これは直接お客さんと対話しないとなかなかできるものではない。最終的なお客さん像がどんな人（個人でも法人でも）かによっては販売にかかる経費が高くつくかも知れないが、直販がベンチャーにとって最強の販売方法であることは間違いない。

一方で「誰かに売ってもらう」というモデルは、卸《おろし》の問屋《とんや》さん（流通業者）や小売店《こうりてん》、販売代理店などに商品を納品して最終的に買って使ってくれるお客さんに間接的に自分の製品やサービスを届けるというモデルだ。これは直販と違って、自社が直接コントロールできる要素が少ないので（何しろお客さんと直接話をすることができないのだから）、向こうから来てくれたお客さんを対応し囲い込むことはできても、お客さんに積極的に火をつけることはできない。

お客さん候補へのアプローチについてもう少し掘り進んでみよう。法人（会社）を相手に売るのであれば、法人に直接売るにしても、その先の個人に売るためにスーパーマーケットなどの小売店に置いてもらう（これを卸《おろ》すという）にしても、**まずはお客さん候補の「リスト」を作ることが重要だ。**大きい会社であれば会社四季報にだいたいの情報が載っているし、そこからホームページなどで情報を取っても良いだろう。小さい会社であっても、タウンページや業界団体のウェブページ、はたまたグーグル検索などを使って候補先を見つけてくることだ。

**ただ、ここにあまり時間をかけてはいけない。**初めてセールスをやる若者がよくやることは、セールスをするのが緊張するから、お客さんに断られるのが怖いから、リスト作成にばかり時間をかけて、一か月もかけて五〇〇社分の立派なリストを作った後に、五社アタックしてみて（五社電話してみて）、どうやらこれはお客さんではないらしいということに気づくパターンだ（笑い話のようだが、本当によくあるパターンなのだ）。であれば、五〇社（五〇名）のリストを三日で作って、まずは試しに売りに行ってみれば良い。昔いただろう、試験の前日に英単語の暗記帳を作り始めて、でき上がった頃には夜が明けて暗記する時間が無くなってしまう同級生が（いや、これは昔の僕そのものだ）。

大手ベンチャーキャピタルから出資を受け、マーケティング担当責任者からＣＥＯまで様々な職種で八社の企業の創業・立ち上げに携わり、八社のうち四社を株式上場させた（！）起業家のスティーブン・ブランクはこう語っている。

---

あなたとその仲間は一日に一〇本の電話をかけるのだ。一日で三件程度のお客さん訪問予定が手帳に入るまで電話をかけ続けること。しだいに、断られることに慣れてくるはずだ……大体の目安としては、フォローアップの電話を五〇本かければ五～一〇件の訪問の約束に結びつくだろう。……とはいえ、私個人としては自分の知らない人に電話をかけるのは好きではない。電話機をじっと見つめ、歩き回り、受話器を取って、最後に肝心の電話をかけずに受話器を置いたこともある。

（スティーブン・ブランク［＊30］：著者による加筆・再構成）

---

電話やメールは、セールスにおける初期の強力なツールであることは間違いない。ただ

し、電話（飛び込み電話）だけがお客さん候補に到達する方法ではない（とはいえ、先日も僕は某大手自動車メーカーの受付に電話をし、僕が話をしたかった先方の技術部門の中枢に辿り着いた。何回もやっているから、コツは少しずつ身についているようだ）。それでは、次は直接お客さん候補とどのような接点の持ち方をすれば良いのかについて見ていこう。

## 自分とお客さんとの具体的な接点を作り出そう

現時点で君の製品を買ってくれると想定するお客さん（お客さん候補）を見つけること、見つけたお客さん候補をリストアップすることについて話をしてきた。では、リストアップしたお客さん候補とどのように具体的な接点を持っていけばいいだろうか。**まず、それが個人ではなく企業（法人）向けの製品やサービスであった場合、以下のような方法を試すと良いだろう。ベンチャーにはお金がないので、テレビＣＭを出すとか、雑誌に広告を載せるとか、基本的にはできないのだ。だから、起業家はこうした地道な方法を覚えておくことが必要なのだ。**それぞれの利点とコツを伝えよう。

【電話をかける】

やっぱりまずはこれが王道だろう。電話をかけ、自分が会いたい先方の担当者と面会の約束（アポイントト）を取り付けるのだ。飛び込み電話をするとき、もし先方のメールアドレスが分かっている場合には、事前にＥメールを入れておくと良い。順番として、「Ｅメールを送ったのですが、それを見ていただけましたか？　ところで……」という形にするわけだ。これまでにも電話については触れてきたので、ここでは次のような、別の方法を中心に紹介することにしよう。

## 【セミナーを開催する（スピーチをする）】

セミナーを開催する利点は、一度にまとまった数のお客さん候補を相手にすることができるため、たとえセミナー用の資料の作り込みやプレゼンテーションの準備に時間を使ったとしても、元が取れるという点にある。一人ひとりのお客さんを訪問するたびに、一から資料を作っていては、こちらの身が持たない。セミナーを開催するその他の利点としては、競争相手に公開したくない秘密情報などについて、ホームページに載せるわけにはいかないが、セミナー内のコンテンツとして公開するのであれば、共有しても拡散が少なくて済むということもある。

そして何より、セミナーという形式を取ることで、会場の中でうまく「先生（自分）と生徒（お客さん候補）」という関係を作ることができるので、知名度の無いベンチャー企業にとってこの効果は大きいだろう。**お客さん候補は、何の面識もない君が営業で売り込みにきたのなら「ものを売りつけようとするセールスマン」と認識するが、セミナーで君**

が講師として登場したなら「この分野で圧倒的に詳しい先生」と認識するのだ。同じ人間にもかかわらずだ。

日本のビジネス社会では「立場」というものを非常に重要視する。年上vs.年下、上司vs.部下、発注者vs.下請けなどなど。これを逆転させることができる可能性があるという意味において、セミナーは今でも非常に意味があるだろう。ウェブ開発会社のアースディジタ社を起業して三八〇〇万ドル、（三八億円）もの資金を調達することに成功したフィリップ・グリーンスパンは、セミナーについてこんなことを語っている。

---

私たちがビジネスを組み立てるときはいつもある方法を使っています。それはウェブサイトに説明を書きこみ、書店に本を置き、一般向けに講義をするというやり方です。ユーザーがやってきて勉強できる一日のセミナーを開催するというのは、（プレゼンテーション技術の専門家として有名な）エドワード・タフトが教えてくれた方法です。私たちは無料で四〇〇人が入れるようにし、一日の講義をします。すると、一、二人は顧客になり、一〇人はソフトウェアを使うようになります。私たちのマーケティングと営業は、ほとんどいつも教育的です。私たちは、「人にものを教えれば、そのごく一部が私たちの顧客になってくれる」と考えていました。この方法は、広告を打つのと同じくらいの効果があると思います。

---

—（フィリップ・グリーンスパン［＊31］：著者による加筆・再構成）—

【人脈をたどり、お客さん候補を「紹介」してもらう】

これは古典的な方法に見えて、非常に有効な方法だ。**学生時代の友人や先輩・後輩、社会人になってから仕事を通じて出会った人々、懇親会でたまたま出会った人々などから、できるだけ多くの「紹介」をもらおう。**不思議なもので、大企業の受付に電話した際にも「全然別の部署ではあるのですが、御社の○○さんからこちらの受付に電話をして関連部署につないでもらったほうが良いとの話をいただいたものですから、こうして総合受付にお電話させていただきました」とたった一言添えるだけでも、関連部署につないでもらえる可能性はグッと高まるのだ（そこでは、直接紹介が得られなくとも、実際に○○さんに話を通していることが重要だ）。

前出のスティーブン・ブランクもこう言っている。「ビジネスの世界では飛び込み電話にお断りを入れるためだけに雇われた人たちがいるので、もし可能であるなら誰かの名前を出したほうが良いだろう。『○○社のボブさんからご紹介をいただいた□□という者なのですが』というように」と。**何度も紹介で人に会っているとある時気づくのだが、信頼できる知人の紹介というだけで、とたんに親しみが湧《わ》いてしまう。これは理屈ではない。**

**人間というのはそういう生き物なのだ。**

【法人の担当者が読むような、ブログを書く】

これは、業界における情報提供を行うブログなどを指している。ニッチな分野でのブログを書けば、お客さん候補としてお目当ての人たちがブログを読んでくれる可能性はある。媒体力《ばいたいりょく》のあるブログ（インターネット関連であれば、たとえばCNETやITmediaなど）は既に多くの定期購読者がいて、ブログをアップするたびにトップページに掲載されることから、内容がしっかりしてさえいれば、自分が思っている以上のページビューを獲得することができる。自分がターゲットにした業界関連のブログ媒体を使うことで、既に同じトピックへの興味という枠組みで囲い込まれた人々の集団に直接働きかけることができるのだ。

その昔、僕がCNETでブログを書いていた際も、ずいぶん多くの人に読んでもらっていたものだ。一回記事を書くと、一万件以上のページビューが生まれるのだ。しかも無料で。**読まれる記事にはパターンがあり、ポイントとしては世の中の情報をまとめて読みやすくしてあげるか、もしくは最新の情報を、できるだけフレッシュな状態で届けるかのどちらかのパターンだ。**僕がブログを書いていたときには、起業する際のポイントのようなものを、簡潔にまとめて、一週間に一度アップしていた。注目すべきはマーケティングやセールスはお金をかければ成果が出るわけではないということだ。実際に、僕がかつて企画・運営したセミナーでは、大金をはたいてビジネス雑誌や新聞に広告を掲載したにも拘《かか》わらず、大半の参加者の人たち（大企業の技術開発部門の人たち）は、雑誌や新聞広告経由ではなく、僕のブログ経由でセミナーへの応募をしてくれた。**新聞や雑誌といった既存のマスメディアと比較した際の、インターネットの力（そしてその費用対効果の素晴らしさ）というものを肌身で実感したものだ。**

## 【ダイレクトメール（手紙）を送る】

起業家の世界では、ダイレクトメールの効果が強調されることが多い。僕の経験談について少し話そう。**その昔、僕は自分がやっていたベンチャー企業のサービスを売り込みたくて、自分と同じ大学を卒業して大手企業の役員になっている人を調べ上げて二〇〇人くらいのリストを作り、一人ひとり片っ端から手紙を書いたことがあった。**「僕はこんな事業をやっていて、〇〇のようなことを考えています。きっと御社のお役にも立てると思いますので、一度で結構ですから後輩の話を聞いていただけませんか?」とやったのだ。なんと大手企業の役員クラスの人たちから一〇通ほど返信があり（秘書の方が代わりに返信してくれたのもあったが）、そのうち五人くらいは直接アポが取れて会ってもらうことができた。

ダイレクトメールなんて封さえ開けてくれないと思うだろう。だからここには工夫が必要だ。当時、僕は決して会社のロゴが刷《す》ってある封筒に、相手の住所を印字されたシールで貼るようなことはしなかった。文房具店で買った昔ながらの「便箋《びんせん》セット」に、相手の宛名を油性ボールペンで次々に手書きしていったのだ。**差出人も僕の完全な個人名で会社の名前なんて一切出さなかった。だから相手は封を開けて中身を読んでくれたのだ（だって知り合いから来たかも知れないと思うじゃないか）。**

起業家のダイレクトメールに関する武勇伝について、一つの例をあげよう。社会起業家として有名なウェンディ・コップの話だ。一九八九年にプリンストン大学の四年生だったウェンディは、卒業論文に取り組む中で「アメリカ国内の一流大学の学部卒業生を、教員免許の有無に関わらず卒業後二年間、国内各地の教育困難地域にある学校に常勤講師として赴任させてはどうか？」というアイデアを思い付いた。彼女は、最終的にモービル石油、ハーツレンタカー、モルガン・スタンレーなどといった大企業から、二万六〇〇〇ドル（二六〇万円）の資金と無料の貸事務所、さらには自動車六台の提供を受けてプログラムTeach For America（ティーチ・フォー・アメリカ）をスタートさせることに成功したのだ。ウェンディはスピーチでこう言っている。

結果として良かったのは、私が世間知らずだったことです。私は、何が不可能かを知らなかった。おかげでたくさんの思い出話があります。もし私が必要以上に世間ってものを知っていたらティーチ・フォー・アメリカは立ち上がらなかったと明言できます。若いうちは何も知らないということを大切にしてください。びくびくしてちゃダメ。知らなくて良いんです、大丈夫。

……事業を始めた当初びっくりするくらいのお金が必要でしたから、事業計画を作るのと同じくらい時間をかけてお金集めに奔走《ほんそう》しました。……立ち上げに二億五〇〇〇万円くらいかかりました。さてこのお金はどこから来たのでしょうか？　フォーチュンという雑誌に載っている有名人にまず出資をしてもらいました。

当時、雑誌に載っている有名人や大企業の社長さんたちに、片っ端から手紙を書いたんです。何しろ私は、世間知らずでしたから。でも結果として、何人かの有名人が私に会ってくれました。何も知らないことって、本当に素敵なことなのです。大学を出てから三か月は、こうしてきっかけを作るということに専念しました。今考えると自分でも良くやったなと思うくらいです。

一〇〇通手紙を書くと、一人か二人くらいに会える。それで、その人たちからさらにその先の人を紹介してもらう。もちろん最初から ずっとずっと断られ続けました。結局、何が分かったのかと言うと、起業っていうのは、共感してくれる人を探す旅みたいなものだってことです。全員がイエスという必要なんてない。ほんの数人が共感してくれれば、それで良いのですから。

（ウェンディ・コップ［＊32］：日本語訳は著者）

ではお客さん候補が個人の消費者だった場合には、どのように具体的な接点を持っていけばいいだろうか。アポイントメント（面会の約束）を取りつけるという意味では、ここで法人向けのやり方として見てきたように、お客さん候補のリストを作って、電話をかけたり、セミナーを開催したり、知人から紹介してもらったり、ブログを書いたり、手紙を書いたりして、何とか面会に漕ぎつけると良い。一方で、二〇〇五年に個人情報保護法が施行《しこう》されてからは、個人の住所や電話番号をリスト化することは非常に難しくなったので、ここでは違った切り口で見ていくことにしよう。

自分のお客さん候補のイメージを具体的に持つことができたら、その人たちがどこの駅のどんな場所にいるのか、どこの道を通るのかについて具体的なイメージが持てるようになるだろう。そしてその人たちに売り込むのに、「直接売ること」と「誰かに売ってもらうこと」のどちらを選ぶのか（もしくは両方やってみるのか）を決めていこう。

**個人の消費者に直接売るためには「お客さんのところに行く」というパターンと、「お客さんが来そうなところで待っている」という二つのパターンがある。**

「お客さんのところに行く」というのは、個人の自宅目がけていくという意味では、要は訪問販売だから、地域を決めて片っ端からまわっていくことになり、時間がかかる。なにしろ個人というのは分散して住んでいるのだ。そういう意味で、ベンチャーの製品やサービスの売り方としては、あまりお奨めはしない。

**次に「お客さんが来そうなところで待っている」パターンというのは店舗を構えるということだ。店舗といっても、実際の店舗もあれば、ウェブ上の店舗もあるだろう。**それは商業ビルや商店街、はたまた国道や県道沿いの建物にテナントとして入り、店舗をオープンするということかも知れないし、移動販売のような形で小さなトラックを使い、動くサンドイッチ屋などをやることかも知れない。また、インターネットの世界では、自分でウェブ上の店舗（ウェブページ）を作ってそこで売るのも一つのやり方だ。

個人向けの製品やサービスを「誰かに売ってもらう」という場合は、通信販売業者や小売店のバイヤー（仕入れ担当者）と交渉して、利益の何割かを向こうに渡して、他人の店舗、つまり通信販売雑誌やウェブページ、小売店に商品をおいてもらう場合などがあるだろう。Ｙａｈｏｏ！ショッピングなどのウェブサイトに載せて売るのも、他人が一生懸命お客さんを集めてくれたその「人の流れ」を貸してもらうという意味で、そして利益のいくらかを渡さなければいけないという意味で、同じパターンに分類されるだろう。

さぁ、これでお客さん候補との具体的な接点が確保された。あとは君の製品やサービスがどのようにお客さんの役に立つことができるのか、これをしっかりと伝えることができれば大丈夫。「体系的な製品やサービスの売り方」も、あと少しで卒業だ。

## そのお客さんが、他ではなくてその商品・サービスを買うべき理由を伝えよう

たとえば、お客さん候補と面会の約束を取り付けられたとしよう。その時、お客さん候補に対して自社の製品やサービスの売り込みをするわけだが、**もし面会時間を一時間ほどもらっていたとしても、最も重要なのは、とにかく最初の三〇秒だ。お客さんに対して「あなたが、他ではなくてこの商品を買うべき理由」を伝えて、ここでしっかりと印象づけるのだ。**すなわち目に見えて、手に取って分かるほどの便益があることを、相手に納得してもらわなければならないのだ。

**お客さん候補とのミーティングは、講演やスピーチと同じで「最初の三〇秒が命、そしてその命が三分ごとに延長される」という原則がある。**こちらは押しも押されもしない大手企業などではなく、生まれたばかりのベンチャー企業だ。相手は「付き合い」で何かを買ってくれるわけではないのだから、面会したときのコミュニケーションの計画や流れについてもしっかりと準備していく必要があるということだ。

これらの原則を守るためには、自社の製品やサービスの価値を事前によく整理しておく

必要がある。これはお客さん候補とのミーティング（セールス活動）を一〇回もやっているうちに、相手にとって何が「ウケる」のかが分かってくるので、それ以降はそのウケた部分を再度強調する形で会話を展開していけば良い。

**一社目の訪問、二社目の訪問から「何がウケる」かの情報を手に入れる。それを三社目の訪問、四社目の訪問で、しっかりと試していく。一〇社も回っていれば、君の製品やサービスの価値をどうやってお客さん候補に訴求《そきゅう》すれば良いのかが分かってくるはずだ。**お客さんにウケているということは、それがお客さんにとって興味・関心があるということなのだ。お客さんがそこに興味・関心を持つのは、いつもお客さんがそこに対して「悩んで」いるからなのだ。自分がどう思うかは別にして、お客さんは君の製品やサービスの「機能」に興味があるのか、「外観」に興味があるのか、「導入スピード」に興味があるのか、「価格」に興味があるのか、「アフターサービス」に興味があるのか、いったい何に興味があるのかをしっかりと掴んでいこう。そして「あなたが、他ではなくてこの商品を買うべき理由」をしっかりとお客さんに訴求するのだ。

**自分の頭の中で製品やサービスの価値を整理するタイミングで、これが掴める人は多くはない。だから、とにかく外に出て人に会うことだ。**前出のジェフリー・ムーアは訴求ポイントを考える際に、以下のような枠組みに答えておくと良いと言っている。

・「　①　」で問題を抱えている
・「　②　」向けの、
・「　③　」の製品・サービスであり、
・「　④　」することができる。
・そして、「　⑤　」とは違って、
・この製品・サービスには、「　⑥　」が備わっている。
（ジェフリー・ムーア［＊33］：著者による加筆・再構成）

この空欄にはそれぞれ、①であれば「お客さん候補が現状持っている不満や、もっと〇〇したいという思い」が入り、②には「具体的に顔や姿が想像できる最初のお客さん像」が入る。③には「この製品・サービスの分類されるであろう分野」を、そして④には「この製品・サービスが解決できるお客さんの悩み・痛み」が入る。⑤には「競合他社が提供している製品・サービス名」が入り、最後の⑥には「他の製品・サービスにはない機能などの特徴」が入る。この枠組みは結構便利だし、よくできている。

例をあげよう。たとえば、アップル社が二〇〇一年一〇月にｉＰｏｄを初めて発売したとき、彼らの訴求ポイントというのは以下のようなものだったろう。

「大量の音楽の持ち運び」で問題を抱えている
「通勤・通学などの移動中に音楽を聴きたいと思っている人たち」向けの、
「携帯型デジタル音楽プレイヤー」であり、
「一度に音楽を一〇〇〇曲以上持ち歩くこと」ができる。
そして、「ソニーのメモリースティックウォークマン」とは違って、
この製品には、「自分の音楽コレクション全てを保存できる記憶容量と、直感的な操作性」が備わっている。

アップルは極めてしっかりとした製品の差別性を打ち出しながら、しかもそれをテクノロジー（技術）として売り込むのではなく、ファッションのように売り込むのが上手い。昔からマーケティングに関しても一流の企業だ。だからアップルは一部の限られた愛好家たちだけではなく、一般的なマスの消費者にも受け入れられるのだ。アップルは大企業だが、ｉＰｏｄは訴求ポイントの例としては参考になるだろう。前出のミッチ・ケーパーは、訴求ポイントの重要性に関して、こんなことを言っている。

インターネットの出現によって変化しないものもある。それはね、ビジネスとしての「訴求ポイント」の重要性だ。例をあげよう。フェイスブックのアプリケ

ーションはたった一五分で八〇〇万人のユーザーを集められるんだそうだ。ただ、これを私はビジネスだとは思わない。なぜならその八〇〇万人は、そこに居続ける「理由」がないからだ。

君たちが価値のあるビジネスを真剣に作ろうと思うのなら、誰かの具体的な「悩み」をしっかりと「解決」してあげなくてはならないんだ。サン・マイクロシステムズがＭｙＳＱＬ（マイエスキューエル）の買収に踏み切った背景には、きちんとした理由があるんだよ。

世の中を見渡せば、「悩み」を抱えている人は多い。君たちはその誰かから感謝される形で悩みを解決していくんだ。製品が市場に普及してお金が儲かるということは、裏を返せば多くの人たちがその製品によって解決される同じような悩みを抱えていたということだ。

一九八三年と今では、この点については何も変わらない。違うところがあるとすれば、それは解決の方法論だ。インターネットの出現によってより速く、より安くなったということだ。

（ミッチ・ケーパー［＊34］：日本語訳は著者）

昔も今も変わらない一つの真実は、起業家は、「あなたが、他ではなくてこの商品を買

**うべき理由」を持たなくてはならないことだ。困っているお客さんの悩みを解決するのだ。しかも、相手が感謝し、お金を払ったとしても、しっかりと満足する方法で。**君は、製品やサービスを売ろうとしたとき「あなたが、他ではなくてこの商品を買うべき理由」をお客さんにどう伝える（訴求する）だろうか。

## 起業家はものを売るのではなく夢を売り、夢は人の口を通じて伝わる

素晴らしい製品、本当に役に立つサービス、素晴らしいセールスマンがいるとき、「今のお客さん」が「次のお客さん」を紹介してくれるという不思議な現象が起きる。素晴らしい製品やサービスであるために、お客さんはこれに心酔してしまい「○○ってのは素晴らしいんだよ、ほんとにすごいんだよ」と周りの人たちに話して歩くということだ。では、こういった状態を偶然ではなく、自分から引き起こすコツみたいなものはないのだろうか。

**こういった現象を起こすためには、自分の商品やサービスが世に広まることによって、いかに世の中が良い方向に変化するのかという「夢を売る」必要がある。**その製品やサービスで、その人個人の人生が幸せになるだけならば、そのお客さんは他の人にその製品やサービスを積極的に伝えたりはしないだろう。自分だけで幸せを噛《か》みしめて、ニンマリ笑って、それを隠れて使って終わりだ。

ところが、人間面白いもので、この製品やサービスがたくさんの人たちに伝わることで、世の中が良い方向に変わっていく可能性があるとき、また**自分がそれを伝達するということ**

とは、もしかしたら自分が世の中を変える触媒《しょくばい》になっているってことなんじゃないか、と心のどこかで思ったとき、それを友人、知人、また色々な人たちに伝えようという気持ちが起こるものなのだ。

ずいぶん前からこういった「口コミ」現象は観察されており、米国西海岸ではこうして口コミの起点になる人々を「エバンジェリスト（伝道師）」と呼んでいる。前出のガイ・カワサキは初期のアップルコンピュータ社で、外部のソフトウェア開発企業にアップルのパーソナルコンピュータで動作するソフトウェアをより多く作ってもらう、ソフトウェア・エバンジェリストという仕事をやっていたのだ（すごい肩書きだが、本当に名刺に刷ってあったらしい）。ガイに語ってもらおう。

---

エバンジェリストっていうのは、元々はギリシャから来ている「よき知らせを運ぶ人」という意味の言葉だ。だから伝道師が伝えることっていうのは、キリスト教でいう「イエス・キリストの存在」であったり、身近なところでは僕にとっての「マッキントッシュ」であったり、それが何であれ、要は「よき知らせ」ということになる。

例えばイエス・キリストが「永遠の命」を与えてくれたり、マッキントッシュ

---

がそれを使う人をより「創造的」で「生産的」にしてくれたりすることっていうのは、それを誰か他の人に伝えたくなるくらい「よき知らせ」だということなんだ。

エバンジェリストは、必ずしも自分の会社の従業員だとか株主じゃないかも知れないけれど、要はその製品やサービスを、「世界をより良い場所にするための方法」だと考えているということだ。

……夢を売るっていうことは、目の前にいる人にその夢を信じさせるっていうことなんだ。そして夢を信じさせる方法は、その製品やサービスがいかに「世界をより良い場所に変える可能性があるのか」ということを人々に伝えるということなんだ。

（ガイ・カワサキ［＊35］：日本語訳は著者）

「口コミ」を体系的に作り上げる方法について、もう一つ具体例をあげよう。インターネットブラウザのファイアフォックス創業者のブレーク・ロスが語った話だ。一九九八年当時、インターネットブラウザに関してはネットスケープが九割近くのシェアを持っていたが、後発であったマイクロソフトのインターネットエクスプローラーは、無料でかつウィンドウズと抱き合わせで販売されていたことから、凄《すさ》まじい勢いで市場シェアを獲得しつつつあった。このような背景の中で一九九八年一月、ネットスケープは自身のソースコードを公開し、オープンソース化することを発表、そして一九九八年二月、ネットスケープが公開するオープンソースコードを共同開発するために mozilla.org（モジラ）が立ち上げられた。このモジラから二〇〇二年にインターネットブラウザとして誕生したのが、後のファイアフォックスだ。少し前置きが長くなったが、このファイアフォックスの創業者であるブレーク・ロスは「口コミ」に関してこう言っている。

---

ファイアフォックスのマーケティングは、すべて口コミによるものです。……私は最初、マーケティングというものは、学位とか正式の経験を必要とするものかと思っていました。しかし、マーケティングとは、人々が勝手に広めてくれるくらいよい製品を作ることであり、広めるための手段を人々に提供することだということがわかりました。私が思っていたよりもずっと簡単で自然なことでした。……

製品についての正直なうわさ話（口コミ）を作り上げる方法も学びました。ファイアフォックスの対象ユーザーはブロガーではありませんでしたが、まずブロガーに届けました。著名なブロガーに手がかりをつかんでもらうと、ＰＣワールドやＣＮＥＴなどの中間的なプレス（出版社）が引きつけられていきます。まだ

---

本来の目的である技術に関心のない一般ユーザーにも届いていませんが、ＰＣ雑誌が取り上げているのを大手のメディアが見つけると、大手メディアが取り上げてくれます。

大手メディアが取り上げれば、予言が実現されるような話になります。大手メディアが「だれもがファイアフォックスのことを話題にしている」と書いたときには、普通のユーザーはファイアフォックスなんて聞いたこともありません。しかし、ニューヨーク・タイムズがそう書けば、人々はファイアフォックスを話題にするのです。

（ブレーク・ロス［＊36］：著者による加筆・再構成）

メディアと良い関係を維持することは、ベンチャー企業を始める起業家にとってとても重要だ。特にベンチャーのマーケティングにとって、専門的な分野の出版社は重要な役割を果たす。そして出版社が消費者に火をつけ、消費者がもし自社の製品やサービスを気に入ってくれたならば、彼らは勝手にマーケティングしてくれるのだ。

## 「お客さん像」とまったく違ったお客さんが、最高のお客さんになる可能性を否定してはいけない

多くの人たちが勘違いしているビジネスの本質がある。事業を運営していくということ、そしてビジネスを立ち上げて、ある日モノが売れていくということの本質についてだ。**起業家が起こす失敗のうちでよくあるのは、自分が見込んだ当初のお客さん候補にばかり、商品やサービスを売ろうとして、どんどん盲目的になっていくことだ。**

こんなお客さん候補のために、こんな製品やサービスを作った、だからきっとそのお客さん候補が買ってくれるに違いない、と彼らは思っている。聞けば芯がしっかりしているし、忍耐強くて良い話だ。自分が作成したビジネスプランにもそう書いたのだろう。そしてそのビジネスプランの内容を頭の中で繰り返し唱えているうちに、その気になってしまうのだ。

気持ちはよく分かる。他でもない僕がそうだったのだから。ビジネスの実務書にもターゲット顧客を想定し、そこに売りに行け、と書いてある。僕だって、仮でも良いからお客さん候補のイメージを固めろと伝えてきた。それは基本だ。そしてここではその応用編について話したい。

**君たち起業家に将来起こることを僕が予想しておこう。それは、君たちが、当初想定した「お客さん像」やその商品の用途にこだわりすぎてしまうと、最終的に「売れる」瞬間を逃してしまうということだ。**例をあげよう（＊37）。

【病院用システムを市役所に応用できなかった男の話】

ある会社が全ての病院のオペレーションを改善しようと思って開発したプログラムを、満《まん》を持《じ》して病院に販売開始した。一方で、病院の経営者たちは「あなたが想定したように病院は運営されていないのです」と言い、結果このソフトウェアを一本たりとも病院に販売することができなかった。ところが、偶然にもこのソフトウェアの話を聞いた小さな地方市長がこの経営者にアクセスし、「これが我々の求めていたソフトウェアだ」と言い、また他の市町村でも導入を検討しようという話になった。しかし驚いたことに、ソフトウェア企業の経営者は、当初自分の想定したお客さんではないという理由で、これを断ってしまった。

【電車用のベアリングが、最終的には自動車用に転用された話】

ジョン・ウェズリー・ハイヤットは、電車の車輪をより良く改善できるだろうと思い、新しい形のベアリングを作った。ところが、電鉄会社はこのベアリングを使って既存の電車を改良するという大きな賭けには出たくないと言った。こうして売上があがらなかったジョンの会社はやがて倒産に追い込まれてしまった。一方で、このベアリングの存在を知ったＧＭ（ゼネラルモーターズ）の後の社長となるアルフレッド・スローンは、この破綻会社を親に買収させ、このベアリング技術を自動車産業に活かすことに成功した。

**【医者が利用を拒《こば》んだノボカインが、歯科治療に転用された話】**

局所麻酔《ますい》薬「ノボカイン」は全身麻酔に代わる製品として考案された。ところが医師たちはその使用を拒み、従来の手法に頼り続けた。対照的に、歯科医たちはこれをすぐに採用した。そこでこの商品の考案者はターゲット市場を変え、この元々は予期しなかった歯科治療という市場にターゲットを絞りなおして成功した。

**要はこういうことだ。自分が考えていた「お客さん像」と違う人が自分の商品やサービスを買ってくれるとき、君たち起業家がやらなければならないことはただ一つ。買ってくれる人をお客さんとして迎え入れ、お金をもらうことだ。**

アップル社の共同創業者であるスティーブ・ウォズニアックがアップルⅡを出荷したとき、彼はこのパーソナルコンピュータを使う人は自分でプログラムを書き、自分の仕事を解決していくのだろうと想像していたが、実際は違った。アップルⅡが売れたのは、後にアップルⅡ向けのソフトウェアとして開発された表計算ソフト「ビジカルク」が発売されたことの影響が非常に大きいと言われている。多くのビジネスマンたちがその表計算ソフトを使用して自分のビジネスの生産性を高めるために、「ビジカルク」を使うことのできるコンピュータであったアップルⅡを購入するという現象が起こったのだ。結果的にアップルⅡは売れに売れた。「ビジカルク」が無かったら、この表計算ソフトが開発されなかったなら、アップル社はこんなに大きな会社にはならなかったかも知れないのだ。

当初立てた計画を大切にしすぎる必要はない。計画は計画だ。一方で、外部の環境は常に変化している。そして、チャンスを掴むのは自分だ。**たとえそれが元々は望まざるお客さんであれ、向こうから自分の製品やサービスを買ってくれるという現実がやってきたときには、そのチャンスをしっかりと掴もう。**

# 第4章

# どうやって会社を大きくするのか?

「税引き後の資産で一〇億ドル（一〇〇〇億円）欲しいんだ。そうすりゃ満足だよ」

（ジム・クラーク：ネットスケープ社を離れ、ヘルシオン社を起業する直前に言った言葉）

## 最初は自分や家族のお金でスタートするのが基本中の基本

ビジネスを始めるにはお金がかかる。試作品の材料を買うのだってお金がかかるし、ウェブアプリケーションを作るにしてもサーバを借りなければならないし、なんのかんのお金がかかるのだ。それでは起業家たちは、こうしたお金をどのように集めてビジネスを始めたのだろうか。もしくはお金を集めないで、どうやってビジネスを始めたのだろうか。

**なんといっても多いのは自分の貯金や家族から調達したお金を使ってビジネスを始めるタイプだ。まったく何もない状況から、いきなり他人にお金を出資してもらってビジネスを始めたケースはほとんどないと言っていいだろう。**かつて米国で最も成功した新興企業とされた一〇〇社に入った会社であっても、そのうち八〇%以上は自己資金で立ち上がり、急成長を果たしたという統計があるくらいだから、なにをさしおいても基本的には自分の資金で始めるというのが最も一般的だ。**この一〇〇社の平均的な創業資金は一万ドル（一〇〇万円）だったそうだ**（＊38）。

エキサイトだって、最初は創業メンバーとして集まった六人のうち、五人の両親から合計一万五〇〇〇ドル（約一五〇万円）を集めてスタートしている。ヴィアウェブを創業したポール・グレアムは創業当初、友人で共同創業者のロバート・モリスの家に転がり込んでプログラムを書いていた。しばらくしてロバートのアパートの上の階に同じような部屋を借りて仕事をすることになった。その頃の様子について、ポールは面白いことを言っている。

私たちは、インターネットではだれもあなたが犬だとは知らないという法則にとても助けられていました。私たちは、アパートにコンピュータを持ち込んでいるだれかでしかありませんでした。今では、スタートアップはそのようなものだということを多くの人が受け入れるようになってきていますが、九〇年代中頃はまだそうではありませんでした。会社なら本物の事務所を持っているはずだと思われていたのです。私たちのサーバでオンラインストアを開店していた人々が、実際にサーバの置かれている部屋を見たら、きっとめまいがしたでしょう。幸い、サーバを見に来る人はいませんでした。……

最初に買収を考えた大企業が私たちをチェックしに来たときには、私たちのオフィスなるものにあったのは、一台のコンピュータだけでした。ロバートとトレバーは、主として家や学校で仕事をしていました。

（ポール・グレアム［＊39］）

必要は発明の母と言われる。制約があればこそ、その制約を超えるためにアイデアが生まれる。制約は創造力を引き出すのだ。時間の制約もそうだが、主にベンチャーにとっては資金的な制約が大きい。**僕が技術系ベンチャー企業の社長をやっていたときも、とにかく何しろお金が無かった。だからマーケティングについて考える際にも、「お金は無い。じゃあどうすればお金を使わずにお客さん候補に会えるだろうか?」というところから全ての話がスタートしていた。**だからこそ、失敗もありながら、色々なマーケティング、セールスのアイデアを思いつき、相当恥ずかしい思いをしながらも、それに奔走することができたのだと思う。これは多くの起業家たちが創業当初に経験していることだ。

TVでインターネットを見ることができるハードウェア「WebTV(ウェブ・ティービー)」を作ったスティーブ・パールマンも、コンピュータ少年だった一六歳の高校生の頃、お金は無かったけれどどうしてもチップ(半導体集積回路《しゅうせきかいろ》)を手に入れたかったので、コンピュータ製造メーカーの社員になりすまして(会社用の偽造の便箋まで作って)「弊《へい》社《しゃ》では御社が開発されたようなチップを使って新製品を開発する計画があります。ついては、サンプルをぜひ送ってください」といってタダでチップを手に入れ、その無料チップを中心にして回路を設計して遊んでいたそうだ。

**起業家は、こうして機転《きてん》を利《き》かせることで、世の中を渡り歩く抜群の要領の良さみたい**

なものを持っていることが多い。お金が無かったからこそ、創造力が発揮された例としてはアップルの創業者であるスティーブ・ウォズニアックの高校生時代なども良い例だろう。

私は（高校生でお金が無かったので）どれも実際に作ることができませんでした。……新しいチップを使って以前設計したことのあるコンピュータを改めて設計するのは、さらに二個のチップを節約できるうまいアイデアを考え出すためです。「四四個ではなく、四二個のチップで同じものを設計しよう」というふうに考えていました。そんなことをしたのは、お金がなかったからです。

私は（お金が無くて）どれも実際に作ることができませんでした。その当時のチップは高かったのです。……コンピュータを組み立てられるだけのチップを買い集めるには、立派な家の頭金《あたまきん》くらいのお金が必要だったのです。そういうわけで、組み立てることはできませんでしたから、私ができることと言えば、紙の上で設計し、それをずっとずっとよいものにしていくことだけでした。

私は自分自身と競争していたのです。しかし、おかげで私のスキルは上がりました。私は自分で何も組み立てることができなかったので、自分と競争して、他の誰も考え付かなかったようなアイデアを考えていたのです。

（スティーブ・ウォズニアック［＊40］：著者による加筆・再構成）

一刻でも早く試作品を作ることの重要性については既に話したが、さすがにチップが高かった一九七〇年代に試作品を作ることは容易ではなかったようだ。ハードウェアに関するビジネスは試作品を作るのにもお金がかかるから、スティーブ・ウォズニアックのようなやり方も一つの方法だろう。

一方で、**「会社を立ち上げるためには大量のお金が必要だ」というのは現代では当てはまりにくい。お金がないならば、工夫するということだ。**お金を節約するためには、最初のオフィスは自宅でも良いだろうし、友達が会社をやっている場合には、オフィスの隅《すみ》に間借りさせてもらうことだってできるだろう。こういうことを恥ずかしがって頼まない人が多いが、意外とお願いするとOKをもらえたりするものだ。聞くのはタダなんだから、こういうときは恥ずかしがらずに聞くだけ聞いてみると良い。何しろ最初は無駄に使えるお金なんてこれっぽっちもないのだから。

ところで、**会社を作ったことがない人は、会社を持つというのはとても大変なことなんじゃないかと思うだろう。ところが一回作ってみるとそうでもないことにすぐ気づくものだ。**二〇〇五年以前の日本では、「最低資本金制度」なるものがあって株式会社を作るためには一〇〇〇万円以上のお金を出資しなければいけなかったが、この制度は既に廃止されて、今では一円でも企業を作ることができる。

では本当に法務局（会社の「設立」を管轄《かんかつ》している役所）に一円持っていくと会社が出来上がるのかというと、これはそうではない。会社の登記という事務が必要で、税金だの何だのの支払いがあり、基本的には二五万円くらいの経費がかかると思っておいたほうがいい。逆に言えば、**今の日本では二五万円払えば会社が一個出来上がるという仕組みになっているのだ。それではこの会社を維持するためにはいくらお金が必要なのかというと、それはずばり一年間で七万円だ。**これも一年間で最低支払わなければならない税金の金額だ（法人住民税の均等割《きんとうわり》：用語については現時点で覚える必要はない）。

会社に利益が出てくるとその利益の三〇〜四〇％が法人税として持っていかれるというイメージも持っておくといいだろう。ビジネスのことを何も知らない起業家たちがどのように会社を設立していったのかについては興味深い。前出のジェンスン・ファアンが会社を作った頃の話を聞いてみよう。

---

会社を作ろうと思った最初の頃は、「どうやって会社を始めるか」なんて本を読んでいたのを覚えているよ。どうやって資金調達するのかとか、ベンチャーキャピタルとは何か、なんてことを頭で理解しようと思ってね。どうやって会社を登記するのか、なんてことが書いてあった。

---

すぐに、僕はクーリー・ガートワードという弁護士事務所を訪ねていって、彼らに会社を作るのを助けてもらった。その弁護士は「僕たちが君たちの会社を作ってあげよう」と言ってくれた。そして「ポケットにいくら入っている？」と彼が聞くので、「二〇〇ドル（二万円）」と答えたんだ。そして僕は彼に二〇〇ドルを渡した。彼は引き換えに、エヌビディアの二〇％の株式を僕にくれたよ。今のエヌビディアの株価を考えると、良い取引だったかも知れないね。そうして自宅に戻って、仲間から二〇〇ドルずつ集めて、会社ができあがったんだ。

……当時、書店のボーダーズに行って買ったゴードン・ベルの『High-Tech Ventures（技術ベンチャーを起ち上げるには）』って辞書みたいに分厚い本をもし全部読もうとしていたら、僕は起業なんてできなかったかも知れない。そんなことに時間を使っていられなかったんだ。最初の三、四章を読んだ後に、さぁ仕事しなきゃと思ったよ。

（ジェンスン・フアン［＊41］：日本語訳は著者）

## 共同創業者たちの悩み：誰がリーダーシップをとるべきか？

会社を急激に大きくする過程では、強いリーダーシップが必要になることが多い。それは、**まったく先の見えない未来に対して、新しい製品やサービスを届けるというベンチャーの性質からして、全てを民主的な方法で（多数決で）決めていくということが、実際には非常に難しい**からだ。これは会社を一度経営してみればよく分かる。

自分が責任を取らなくていいことに対して多数決をする場合には、ある種の妥協が入り込む隙間《すきま》がたくさんあるから、人が何人いても合意に至るケースは多い。一方で、自分がその決断をしたことの全責任を負わなければいけないという現実に直面したときには、とてもではないが「みんなの意見の平均値（多数決）を取って決めましょう」とはいかないものだ。**僕もベンチャー企業の社長を経験し、重要なことに関しては、だんだんと「責任を取る代わりに、全部私が決めます」というスタイルになっていった。**

起業家たち、特に複数人で創業した共同創業者たちはここで同じような悩みを抱えることになる。「さて、誰をリーダーにしようか？」と。もちろん最初の最初はこんなことでは悩まない。**日本人ならばなおのこと、会社をスタートする当初はリーダーを誰にするかを決めないで、「みんなでやっていこう」と考えてしまう。二人で始める場合には、両方とも同じ役職にして、上下関係などほとんど決めないでスタートする。会社設立のときも、二人で同じ金額を出資して、持株比率を五〇％ずつにしたりする。**

ところが、会社が急速に成長し始めると、日を追うごとに決断しなければならないことが多くなってくる。意思決定をすさまじい早さでこなさないと、会社という組織が止まってしまう。もしくは会社が成長するのとは全く反対のケースで、**会社の経営状態が悪くなってくると、共同創業者の意見が食い違ってくるということも多い。一番の踏《ふ》ん張《ば》りどころで、分裂してしまう共同創業者は、実は非常に多いのだ。**ここで、リーダーを誰にするのかという悩みが生まれてしまう。

**君たちは、いずれリーダーを決めなければならない。役割の重さや責任の重さを分けなければならない。報酬を、一人ひとりの会社への貢献《こうけん》度合いによって変えなければならない。**しかしこれは人の働き（能力を含む）を区別するということだから、大変なことだ。

かつて起業家たちはどうやってこの問題に決着をつけてきたのだろうか。

エキサイトを始めた六人の共同創業者たちは、創業からしばらくして、この問題にぶつかった。ベンチャーキャピタルから資金調達をしてしばらくした後、ベンチャーキャピタルのメンバーとして、創業者たちの面倒を見ていたビノッド・コースラ（サン・マイクロシステムズ社の創業者）から言われて初めてこの問題に気づいたのだ。前出のジョー・クラウスはこの頃のことについて、こう語っている。

私たち六人の創業者は、もともと株式を均等割りにしていました。全員が六分の一ずつです。ベンチャー・キャピタルのクライナー・パーキンスからの資金提供を受けたとき、ビノッドは言いました。「そうしたければ、そのままにしておいてもいいが、いずれ配分を見直すことになると思うよ」。そこで、グレアムと私は全体会議を開いて言いました。「私たちは、株式を均等ではない形で再配分しなければならないと考えている」。これは、聞くほうからすれば不愉快《ふゆかい》な話です。正直なところ、グレアムのシェアが高くなることに反対する人はいなかったはずです。グレアムは技術的な力という点で明らかに抜きん出ていましたから。ほかのメンバーも優秀な人たちでしたが、彼らはグレアムが求めたことを行ったわけで、グレアムは明らかに全体のアーキテクチャを作った人物だったのです。難しいのは、「技術的な力があるわけではないジョーをどう評価するか？　彼は仕事をしているが、自分のほうが彼の仕事をもっとうまくできるかどうかはよくわからない」。そんな感じです。「ジョーと自分を比べる尺度《しゃくど》がわからないので、ジョーの持ち分が増えても平気でいられるためにはどうしたらいいかわからない」

しかし、私たちはこの難しい問題を乗り越えました。どんな話をしたのか、細かいところは思い出せません。覚えているのは、とても気まずく、静かだったことです。メンバーは不満を持っていました。叫んだり暴れたりはしませんが、気まずかったのです。

……人をまとめるためには欲よりも強い何かが必要だと思います。こういう話は、時間がたてばたつほど難しくなっていくので、この時期に片付けられたのは本当によかったと思っています。

（ジョー・クラウス［＊42］：著者による加筆・再構成）

**成功したどの起業家たちもこの問題には真摯《しんし》に向き合っている。**だいたい最初は同じ持《もち》株比率《かぶひりつ》で会社を始めるけれど、途中で色々な問題を抱えて、それこそリーダーシップとか意思決定のスピードとか、ガバナンスとか、そういうことを考えられるくらいの規模の会社になってくると、この問題にケリをつけていくというパターンが多い。前出のジェンスン・フアンは、仲間三人で創業したエヌビディア社における役職や利益の分配について、こう言っている。

友人として三人で会社をスタートして、その後、一人ひとりに適正な役割をどうやって決めて、どうやって利益を分配したのかについて話をしよう。エヌビディアをスタートした当初は、僕たち共同創業者の給与はみんな同じだったんだ。持株比率も同じだ。それは単純に「公平性」という観点からそうしたんだ。ただ、しばらくして、これがガバナンスという点で問題になってきた。持株比率というのは、議決権がその量で決まるから、何が公平かということを数字で表すものだ。僕たちはみな同じ給与で、まったく同じ持株比率。

ただ、それでは会社を運営していくことはできない。良い会社を作ることはできないんだ。例えば、三人で会社を始めて、一人が全ての株式、つまり全ての議決権を持っていて、責任を取るときだけ三人とも同じ責任なんてことは、ありえないだろう。それはリーダーシップの問題にもなるだろうし、ガバナンスの問題にもなるし、マネジメントの問題にもなる。素晴らしい会社を作るという意味で、これは大きな問題になるんだ。

当時の話し合いについてはよく覚えていないけど、どうやって僕がCEOになったかというと、他の二人から「ジェンスン、君がCEOをやってくれるんだよな？」と聞かれて、「あぁ、いいよ」と答えた。そんな感じだったよ。

―（ジェンスン・ファン［＊43］：日本語訳は著者）―

役職上の上下関係や、責任の重さ、それに伴って報酬（給料）や持株比率を調整しておくことは、ベンチャーが大きくなっていく過程で、避けられない重要なポイントだ。あえて言えば、ただの仲良しグループを目指すのか、それとも世界をより良い場所に変えるために、意思決定のスピードやリーダーシップを磨くのか、それを試すいい機会ということだ。

相当気まずいことだが、仲間と話し合い、しっかりと乗り越えていく必要がある。**友人と一緒に会社を始めたいのなら、いくつかの質問に答える準備をしておかなければならない。会社を運営していく中で、友人関係が犠牲になることがあってもいいと思えるか？友人に対して本当に厳しい質問をすることができるか？といったことだ。**君はこの質問に答える準備ができているだろうか。

## 外部から資金調達が必要な二つの理由：「立て替え」と「投資」

前にも触れたが、会社を始めるときはまず自分のお金で始めるか、家族などに少し出資してもらって始めるのが基本だ。色々なところで節約を重ねて、できるだけ出費を少なくしながら、お客さんに自分の製品やサービスを売って、稼ぐお金（売上）を大きくしていけば、少しずつ会社が大きくなっていく。

**会計や税金について少しは知っていたほうが良いだろうが、今からそんなに心配することもない。会社を始めてから、少し勉強するくらいで十分間に合うから大丈夫だ。**会計について言えば、売上から経費を引いたものが利益で、日々の利益の山と谷を一年間通算して、最終的には年間の利益の何十％かを税金として払えばいい。基本的なルールは、そんなに難しくないのだ。

そして何より、会社を作ったあとに、自分の会社がある市区町村の税務署に出かけて行って紙を一、二枚書けば（大丈夫、係員の人が優しく教えてくれるから）、後で自分が払わなきゃいけない税金の無料勉強会の通知が送られてくる。始めてしまえば、あとは色んなことが勝手に動いていくようになっている。便利な世の中なのだから。

**ベンチャーが成長する過程では「資金調達」が不可欠だ。資金調達とは外部から会社を運営するためのお金を集めてくることだ。**ではなぜ資金調達なんてしなければならないのだろうか？　自分と一緒に始めた友人や家族のお金で会社を始めたならば、ずっとそのお金だけでやっていけばいいような気がするだろう。ここに「金融」というものの役割と本質がある。**金融というのは例えていえばビジネスの「加速器」だ。**

例えば、君が会社を始めて間もなく、自分の製品やサービスを買ってくれるお客さんを見つけることができたとして、その会社なり個人に製品やサービスを売り込みたいとしよう。会社を三〇万円で始めたとすると、君がいま使えるお金は三〇万円しかない。だから材料費に三〇〇〇円かかる製品を一万円で売ることができたとしても、手持ちのお金では、一〇〇個（＝三〇万円÷三〇〇〇円）しか製品を作ることができないのだ。

ところがもし君の製品が素晴らしいものだとすると、それを買ってくれるお客さんは「どんどん作って欲しい」となる。一〇〇〇個の注文が来たらどうすればいいだろう、ではもしそれが一万個だったら？　それだけで材料費が、それぞれ三〇〇万円、三〇〇〇万円かかってしまう。**何しろ製品というのは「作ってから売らなければならない」のだ。そして作るためには材料費がかかるから先にお金が出て行き、売った時もしくは売った後にお金をもらうことになる。こうなると、一〇〇個以上の注文が入ったとたんに、手持ちの**

**資金が不足するという意味で、君の会社はパンクしてしまうのだ。**

ここで「金融」、つまり「資金調達」が必要になってくる。もし一〇〇〇個、製品の注文をもらうことができたら、銀行などの外部から二七〇万円を調達して（融資を受けて）、自分の手持ちのお金を三〇〇万円にしてから、材料を一〇〇〇個分買ってきて、とにかく製品を作り、そしてお客さんに納品する。これが一〇〇〇個売れるということだ。そして一〇〇〇万円（＝一万円×一〇〇〇個）のお金が入ってくる。

**細かい計算は省くが、この取引を考えただけでも資金調達をするのとしないのとでは、六倍くらいお金を稼ぐスピードに違いが出てくる。**一万個の注文をさばくことを考えると、もっとずっとスピードの違いが出てくる。つまりベンチャーがやっている事業に火がついたときには、急に注文が殺到するようになるわけだから、このスピードを手に入れる必要が出てくるということだ。だから資金調達（広い意味での金融）は、君の事業の「加速器」なのだ。

考えてみれば分かるだろう、お客さんに対して「今少しずつ生産をしていますので、三年後にお手元に製品がお届けできると思います」なんて言ったら、絶対に買ってもらえない。なぜなら基本的に「現状に不満がある」もしくは「もっと〇〇になりたい！」と思っているお客さんは、できるだけ早くその問題を解決したいと思っているからだ。極端な例だが、コーヒーショップに行って、店員さんから、「今コーヒーをいれていますので、明日になったらお渡しできると思います」と言われたら、「じゃあ結構です」と言って君は店を後にするだろう。お客さんは、今コーヒーを飲みたいのだ。

こうして資金調達をすることによって、ビジネスの時間軸をグッと縮めることができる。会社として急拡大が可能になるということだ。**では、お金を調達する相手とは、いったい誰だろうか？　それは銀行や投資家と言われる人たちだ。銀行は利息という形で貸したお金の数％を手数料としてもらうことで生計を立てているし、投資家と言われる人たちは君の会社の株式を買い求め、将来的にはその株式を買ったときの数倍や数十倍で売却することで生計を立てている**（例えば検索サービスのＬｙｃｏｓ［ライコス］の初期の投資家は買った値段の三〇〇〇倍の価格でライコスの株式を売却した！）。銀行と投資家では活動の方法や付き合い方に明確な違いがあるから、これについては後述しよう。

要は、彼らは彼らなりの打算があって、起業家が立ち上げた会社にお金を出してくれるということだ。資金調達のパターンには大きく分けて二つのパターンがあり、最初に例としてあげた「既にお客さんから注文をもらっているが、材料を仕入れるためのお金を立て替えてもらう」といったパターンの資金調達のことを「立て替え資金（運転資金）」と呼んでいる。これ以外にもう一つ「投資《とうし》資金《しきん》」と呼ばれるパターンがあるから、それについて簡単に触れておこう。

立て替え資金が無くて会社がパンクするということの他に、自分の会社としては良い製品やサービスの試作品を作っているものの、なかなかお客さんに買ってもらえず、もしくはなかなか完成品を作ることができずに時間を過ごしていき、活動資金が底をついて会社がパンクするということがある。これは新しい製品やサービスを作り出しているベンチャーとしては仕方のないことで、よくあることだ。

試作品の材料を買ったり、家賃を払ったり、従業員への給与を払ったりしなければならないので、毎月どんどん資金が減っていき、次第に底をついてくる。もっと大きいお金の場合もあるだろう。この製品は本当に売れるかどうかは分からないが、生産設備を作ってこれを生産するためには何億円もかかる、などといった場合もそうだ。

自分も共同創業者ももう貯金が底をついてお金を出せないし、家族も出してくれない。ところが君は、自分たちの作っている製品やサービスは「現状に不満がある」もしくは「もっと○○になりたい！」と思っているお客さんを将来きっとつかまえることができると思っている。あと二、三年かかるかも知れないけれど。そんな時があるだろう。

**こういう場合は、資金の出し手からすると、立て替え資金よりもずっとリスクの高い資金提供ということになるだろう。お客さんから既に注文をもらっているわけではないから、**

**本当に自分の製品やサービスが売れるかどうかはまだ不透明で、とはいえ製品を開発するのにもまだ時間がかかる。その時間を埋め合わせてくれる資金のことだ。**こうした資金のことを先ほどの「立て替え資金」と比較したときには「投資資金」と呼んでいる。成功した多くの起業家たちは交渉に交渉を重ね、「立て替え資金」や「投資資金」を外部から調達し、金欠《きんけつ》状態を懸命に乗り切ってきたのだ。

「立て替え資金」の提供に関しては主に商業銀行が担当していて、「投資資金」の提供についてはエンジェル投資家やベンチャーキャピタルといった投資家が担当しているので、この二つのパターンに対してどのように資金調達をしていくのかを別々に見ていこう。

## 連帯保証をしてまで商業銀行と付き合うべきか考えよう

まずは資金の出し手にとってリスクが低い資金、つまり起業家にとって調達しやすい資金である「立て替え資金」から先に話をしていこう。基本的にこの資金の出し手として中心的な役割を担うのは「商業銀行」だ。商業銀行とは君たちが住んでいる街の、駅前なんかにある三菱東京ＵＦＪ銀行だとか、横浜銀行だとか、そういった金融機関だ。

こうした銀行と呼ばれる会社は、君たちの預金を預かったり、振り込みをするのを手伝ったりしてくれるだけではなく、実は会社にお金を貸し出すサービスを行っているのだ。彼らは独特のビジネスモデルを持っていて、要はみんなから預金を集めて、大きな資金プールを作った上で、それを会社だとか個人が住宅を買うときなんかに貸し出している。預金の金利は低くて、貸出の金利が高いので、この差で儲けているというわけだ。昔からあるかなり古典的なビジネスモデルということだ。

**では、どうすれば銀行などの金融機関から資金調達をすることができるのだろうか？**

**それは簡単で、銀行の窓口にいって、担当の銀行マンを説得すれば良いのだ。**窓口にいって「自分はこれこれこういう会社を経営していて、いくつか注文が来ているからそれに関する立て替え資金（運転資金）を借りたい」と言えばいい。すると向こうが色々と書類を要求してくるので、それを提出したり、インタビューに答えたりすればいいということだ。銀行には審査というものがあるから、その審査期間（一週間とか二週間とか）を経て、資金を自分の会社の預金口座に振り込んでもらうという流れだ。これで終了。これ自体は簡単だ。

**このときのポイントはそれが「立て替え資金」だということだ。つまり立て替え資金の本質とは「既にお客さんから注文がある」ということになる。（ほぼ）間違いなく売れるということが分かっているということだ。**だから材料費やその他経費などを銀行からの資金で立て替えてもらうことさえできれば、最終的にお客さんに製品を届けて代金を回収し、そこから利息を払いつつ、借金を返すことができるということだ。銀行としても、お金を貸したとしても返済してもらえる可能性が極めて高い「立て替え資金」であれば、割とすんなり貸してくれるというわけだ。

「立て替え資金」というのは、極めてリスクの低い資金だ。つまり出し手にとっても、自分が出した（貸した）お金がどこかに行ってしまって、返済してもらえなくなるリスクが低いということだ。例えば、法人向けのシステム開発をやるベンチャー企業があったとして、たまたま大企業から注文が取れたとする。それは七億円のプロジェクトなのだが、システムを開発するためには六か月かかり、その間、家賃だの従業員の給料だの、サーバ代だのと四億円くらいお金がかかる。とはいえこの取引が六か月後に終了したあかつきには、差し引き三億円（＝七億円－四億円）の利益が出ることが見込まれている。

こうした場合には、それが〇〇億円という、とても大きな金額であったとしても、それが「立て替え資金」であるという理由で、本質的にはリスクは低いのだから、銀行は少なくとも六か月間は四億円というお金を貸してくれる可能性が高いということになる。これが「立て替え資金」の良いところだ。

ところが、こんなふうに、立て替え資金を一回一回借りているケースは実はそんなに多くないということも事実だ。つまり、どんどん発注は来ているけれども、色んな会社から、つまり二〇社とか一〇〇社から発注が来ている場合だ。一個一個の取引について、別々の資金を表計算ソフトで管理しながら借りていくなんてことは、実務上ありえない。こういう場合は、一年間、一〇〇社からの受注状況の傾向に合わせて少し多めの資金を調達する必要がある。

こうして会社が製造・販売する製品の数が増えれば増えるほど、またお客さんの数が増えれば増えるほど、それを包み込むような形で十分な資金を提供してもらえるように銀行と交渉していくということになる。最初は向こうも警戒するので、一つの大きな受注に対して資金を出すという選択をするかも知れないが、だんだんと付き合いができてくるうちに、よりまとまった形で会社を支援してくれるようになるだろう。

**さて、注意が必要なのはここからだ。ほとんどの銀行はお金を貸すときに、代表者である会社の社長の「連帯保証《れんたいほしょう》」を取ろうとする。「連帯保証」というのは「もし会社が借金を返せなかったら、あなた個人で、あなたの会社の借金を全部背負ってもらいますからね」ということだ。**これは日本における悪い商業慣習の典型だ。つまり会社と個人（特に社長）を同一人物とみなしているということなのだ。会社は自分の子供のようなものであっても、それは決して自分ではない。結果として会社には色んな人が関与するのだし、大きくなればなるほど、社長一人だけで責任が取れるものでもなくなってくる。もし会社が上手くいかなくなって倒産したとしても、会社が潰れるというのは、自分が個人として潰れることではない。

それなのに、だ。この他にも銀行という会社は、社長の自宅を担保（借金のカタ）として要求するなど、あらゆる手を使って、自分が取りっぱぐれないように（貸したお金が何とか戻ってくるように）網を張っていく。「連帯保証」も「人的担保《じんてきたんぽ》」という担保の一種なのだ。最近では少しずつ「無担保」での資金提供に応じる商業銀行が出てきたとはいえ、まだまだ日本では「連帯保証」が多いのが現実だ。それがたとえリスクの少ない「立て替え資金」であっても、担保でグルグル巻きにする銀行が多いということだ。

**こうして法人の資金調達が個人（社長）の人生とリンクすることがないように、もし銀行にいくのであれば、「無担保」の資金調達をお願いすると良い。**もしくはもし「連帯保証」を入れてまで資金調達をやったとしても、現在の日本の法制度のもとでは、法人と個人の借金を帳消しにする法律「民事再生法」も整備されてきているから、それを使って最終的にはしっかりと、借金を踏み倒していくという「選択肢」を持っておくと良い。

「踏み倒す」というと言葉が悪いが、こうした法律を整備することで、その国からリスクを取って起業する起業家が多く出るようになるのだから、そこには富《とみ》と雇用が生まれ、最終的には国が潤《うるお》うという好循環に入っていくのだ。若者にとって、この法律（借金が最後の最後は踏み倒せるということを可能にする法律）とセットで考えないと、銀行から資金を調達する気にはなかなかなれないだろう。

**では、資金調達は銀行からしかできないのか？　そんなことはない。起業家たちにはもっと素晴らしい選択肢が残されている。それがエンジェル投資家やベンチャーキャピタルを代表とした「投資家」という人たちだ。**次はこれについて話していこう。

## エンジェル投資家やベンチャーキャピタルと夢を共にするとき

**起業家にとっての一つの悩みは、自分でお金を出資して作った会社、つまり自分で株式を所有している会社の所有権《しょゆうけん》が、外部からの資本を受け入れることで、どんどん薄まってしまうことだ。**

とても単純な計算をしてみよう。自分で三〇万円を出資して作った会社があったとする。あるとき、どうしても製品を作るために合計一〇〇万円の材料費が必要になり、銀行からもお金を借りることができなかったので、七〇万円を知人の経営者から調達した。彼は七〇万円を出資する代わりに出資金額の比率に応じて七〇％の会社株式をもらうことを要求したので、その通りにした。するとこの会社は自分が三〇万円、新しい株主である知人の経営者が七〇万円、合せて一〇〇万円の資本金を持った会社ということになる。すると、自分の持株比率は元々の一〇〇％所有から三〇％の所有に下がり、あれよあれよという間に、知人の経営者の持株比率が七〇％になってしまう。

**株式会社というのは何％株式を持っているかで究極的には議決権が決まってしまうので、つまりこの会社は材料費の一〇〇万円を支払うために、会社をコントロールする権利が自**

**分から知人の経営者に移ってしまったということだ。**

株主は基本的に皆《みな》平等で、だからこそ、七〇％の議決権を持っているということは、それが何であれ、多数決制を取っている株式会社という機関の決議は通ってしまう。自分で始めた会社で、自分が社長の座に座っていても、七〇％の株式を持っている人が社長を交代させたければ、それができてしまうということだ。

残念だが、これが現実なのだ。アップル社のスティーブ・ジョブズが三〇歳のときに自分が作ったアップル社から追放されたのも、全てこういう仕組みが元になっている。アップル社が、その成長の過程で、何度も何度も資金調達を重ねているうちに、スティーブ・ジョブズ個人の持株比率はどんどん下がっていき、ついには自分の社長の座を守ることもできない比率になってしまったということだ。

ここで一つの疑問が生じる。もしこんなことが正しいのであれば、自分で会社を始めて、機械の生産設備なんかを購入するために何億円、何十億円という金額を、株式を通じて資金調達したら、とても当初個人で出資した数十万円や数百万円、たとえそれが数千万円のお金であったとしても、その他株主の割合が増えてきて、すぐに自分の所有権（持株比率）は薄まってしまうのではないかということだ。

**ところが、このあたりはさすがに法律がよくできているところだ。株式の「評価額《ひょうかがく》」と**

**いう仮想的な考え方を使って、そこの会社に出資をする投資家が納得してくれる限りにおいては、現在の会社の利益がいくらだろうと（〇円だろうと、逆に大赤字だろうと）、現在の株主数が何人だろうと、自由に会社の価値（＝株式の評価額）を膨《ふく》らませることができるのだ。**

例をあげよう。例えば僕が三〇万円で会社を始めたとする。そして材料費として追加の七〇万円を集めるために株主として出資してくれる人たちを募るとする。このとき、自分の会社、つまり所有権としての全株式に「一億円の価値がある」と僕は勝手に決めることができるのだ。つまり七〇万円を出資してもらったとしても、その相手に対して、〇・七％（七〇万円が全体の価値一億円に占める割合）の株式しか渡す必要はない。自分は差し引き九九・三％を保有し続けることができるのだ。

もちろんこれは自分の提案に対して相手が納得してくれなければいけないので、この過程には交渉が付きものだが、こういう交渉を経て、晴れて相手に自分の会社の株式を渡すということができる。このあたりの知識があるだけで、外部から株式を通じて資金を受け入れるということに対して、より積極的になることができるだろう。

自分や家族、友人や知人以外でこうして株式を通じて資金調達の相談をすることができる相手の代表格は、エンジェル投資家とベンチャーキャピタルだろう。**エンジェル投資家**

**とは、創業間もないベンチャー企業に対して資金を供給する裕福《ゆうふく》な個人のことだ。投資の見返りとして株式を受け取ることが一般的で、エンジェル投資家同士でグループを形成し、情報の共有や共同出資を行う動きをしていることが多い。**

彼らは何らかの形で過去に裕福になった人々、つまり事業や不動産などで成功した人々が大半で、もちろん銀行口座に預金を預けていたりするのだが、預金よりもリスクが高く、宝くじよりもリスクが低い分野で、もう一度一山当てたいと思っていることが多い。何しろエンジェル投資家には過去自分が事業を行っていた人物が多く、創業間もないベンチャー企業への投資という点では自分がよく理解できる分野なので、リスクを適正に評価できる場合がある。ＩＴで財を成した人物は、できるだけ自分が詳しいＩＴ企業に投資をする傾向があるだろう。

なぜ彼らが「創業間もない」会社に投資するかと言えば、それはその会社が創業間もないがゆえ、上記の会社の株式の評価額という意味で「自分に有利な交渉」ができる可能性が高いからだ。まだ始まったばかりの会社の社長が、自分の会社の株式には一〇〇億円の価値があると吹いたところで、誰も相手にはしてくれないだろう。それがどんな素晴らしい技術であれ、まだ海の物とも山の物とも分からない会社であれば、一億円出資してあげるから、会社の二〇％をくださいということも言いやすい（それでも会社の株式の評価額は五億円ということだが）。

そしてその会社が三年経ち、五年経ち、見込みが当たって、どんどん利益を増やしていき、どこかの会社に一〇〇億円で買収されたときには、初期に投資したそのエンジェル投資家は二〇億円を手にすることになる。つまり三〜五年で、差し引き一九億円分（＝売却額二〇億円－初期投資額一億円）も利益が出たということだ。

こうした事例は実は世の中に溢れている。サン・マイクロシステムズ社の創業者であるアンディ・ベクトルシャイムは一九九八年、彼に対してPCのデモ画面を見せながら、「インターネット上で検索エンジンを作る」というアイデアを語ったスタンフォード大学の二人の学生の話に興味を持った。彼はその場で一〇万ドル（一〇〇〇万円）の小切手にサインをして、これを使えと二人に渡したという。二人の学生の名前はラリー・ペイジとセルゲイ・ブリン。そう、アンディは、まだ会社も設立されていなかったグーグル社にエンジェル投資家としての投資を行ったのだ。アンディがその投資で後に（グーグル社が上場したときに）莫大《ばくだい》な利益を得たことは言うまでもない。

ベンチャーキャピタルについても話をしておこう。ベンチャーキャピタルとは、未上場のベンチャー企業に投資し、投資した企業を上場（株式公開）させたり、他のファンド等に転売してキャピタルゲイン（株式など資産の価格の上昇による利益のことをいう）を得ることを商売として行っている投資会社のことだ。

では、彼らはエンジェル投資家とは何が違うのか。そこには、大きく分けて三つの違いがある。一つ目は資金の出所の違いだ。エンジェル投資家はまさに自分のお金を投資してくる。一方で、ベンチャーキャピタルは自分のお金はほとんど入れず、銀行や生命保険、年金基金や大手企業といったところからお金を集めてきて資金のプール（ファンド）を作り、そこから資金を投入してくるのだ。つまり他人のお金だ。

二つ目の違いは、投資する時期の違いだ。エンジェル投資家は起業家が事業を始めてすぐの時期に投資をするケースが多い。「ここに面白いことを考えている二人の若者がいる。上手くいくかどうかは分からないが、もしかしたら成功するかも知れない。だから彼らに資金を与えて見守ってみたい」というようなところがある。**ところが、ベンチャーキャピタルは他人のお金を預かっているということもあり、会社の形が少しずつでき始め、何らかの成功の予兆《よちょう》のようなものが現れてから投資をするのが一般的だ。**もちろん、過去に大成功した起業家が二社目、三社目の会社を始めようとする場合には、かなり早い段階でお金を入れることもある。

三つ目の違いは、一回あたりに投資する資金のボリュームの違いだ。エンジェル投資家はそれこそ数百万円から数千万円くらいの規模のお金を一回あたりの投資サイズとしているが、ベンチャーキャピタルはというと、数千万円から、多いときでは数十億円を一回の投資で出資することもある。このあたりの金額の違いは、もちろん個人として自分の財布から投資をするのか、もしくは他人からたくさんかき集めた資金を運用する投資「会社」として投資をするのかによっても違いが出てくるだろう。

日本のベンチャーキャピタルには、銀行や証券会社などの関連会社が多い。そのほかに、事業会社系、政府系、独立系などのベンチャーキャピタルが存在している。こうしたファンドの歴史を振り返るとき、この中で起業家が付き合って上手くいきそうなところは、独立系と事業会社系くらいだろう。**残念だが、これまで銀行系と政府系のベンチャーキャピタルが上手くいったという話を、僕は聞いたことがない。**

**その理由は、ベンチャー投資ということを商売にするためには、少なくとも「自分で事業をやったことがあり、事業そのものをよく分かっていなければならず、銀行マンも政府の役人も事業などやったことがないから」という、よく考えれば当たり前のことだ。**事業が分からない銀行系や政府系のベンチャーキャピタルからよく出る質問は、「結局、それは儲かるのですか?」ということくらいで具体性に欠ける。具体性に欠けるということは、起業家とは話がかみ合わないし、向こうもこちらを正確には評価できないということだ。かくして銀行系や政府系のベンチャーキャピタルはなかなか実績を出せないという憂き目に遭うことになる。

米国、特にシリコンバレーのベンチャーキャピタルは、事業や技術をよく理解し、その上でリスクもしっかり取るというところが多い。このあたりは、さすが本場といった感じだ。**米国シリコンバレーの初期のベンチャーキャピタリストたちは、半導体メーカーなどで大きな仕事を経験した人物が多く（技術とマーケティングの両方をやったことがある人物が多い）、そこから投資の世界に入ってきたことが多い。**

初期のアップル社やオラクル社への投資で有名なセコイア・キャピタル社も、フェアチャイルド・セミコンダクター社でマーケティング担当の重役だったドン・バレンタインが一九七二年に始めたベンチャーキャピタルだ。伝説のベンチャーキャピタリストと言われるジョン・ドーアもインテル社のマーケティング担当からこの世界に入り、コンパック社やネットスケープ社、アマゾン社やグーグル社への投資を成功に導いた。ジョン・ドーアが所属するクライナー・パーキンス社というベンチャーキャピタルも、セコイア・キャピタル社と同じく一九七二年に設立されているのは興味深い。要はベンチャーキャピタルという投資ビジネス自体も、一九七〇年代初頭に始まったということだ。

**ベンチャーキャピタルはリスクのある段階で君の会社に投資する代わりに、会社を契約でグルグル巻きにすることが多い。起業家の中にはベンチャーキャピタルが嫌いな人たちもいることを、念のため付け加えておこう。**インターネットやソフトウェアを利用した会社であれば事業を始めるための元手が少なくて済むので、必ずしもベンチャーキャピタルにお世話にならなくても成長を加速させていける場合があるが、ハードウェア関連のベンチャーや、創薬などのバイオテック・ベンチャーなどは、何しろ機材にお金がかかるので、ベンチャーキャピタルとの付き合いなくして、自社の製品やサービスを市場に届けることはなかなか難しい。自分の会社の何%なら他人に渡しても良いのかを考えつつ、ベンチャーキャピタルとは付き合うことにするといいだろう。

## ビジネスプランを書くが、それに囚われない柔軟性を持とう

ビジネスプランについて少し話をしよう。最初に言っておきたいが、起業家としてビジネスを始めるとき、**必要に迫られるまでは、ビジネスプランを書く必要はない**。確かに、どうやって競争相手と闘うかとか、自分が対象にしている市場にはどのような特徴があるのかとか、そういうことを「書くこと」で自分としても再認識することはあるかも知れないが、あえて言えば、別に書かなくてもいいのだ。

**ビジネスプランよりも重要なのは、なぜ自分のビジネスに人がお金を払うのかについて、もっとよく考え、それを生身で経験することだ**。それはずっと言っている「現状に不満がある」もしくは「もっと○○になりたい！」と思っているお客さん候補たちに対して、君の製品やサービスが何らかの解決の「手立て」を与えられるかどうか、ということだ。一九九六年に無料ウェブメールを提供することで始まったＨｏｔｍａｉｌの創業者サビール・バティアはビジネスプランについてこう言っている。

——**別に、分厚くて大量の情報が詰め込まれたビジネスプランでなくてかまいませ**——

ん。基本的に、ビジネスプランは、会社が何をしようとしているか、どのような問題を解決しようとしているか、市場がどのくらい大きいか、会社の収益源は何か、投資家のための出口戦略はどうなっているか、どれだけの資金が必要か、どのようにマーケティングしていくか、どんな人が必要か、テクノロジー・リスク、マーケティング・リスク、実行リスクはどうかといったことを書いたものです。

……

私は、これに関して正規の訓練を受けていません。ただ座って、私たちが解決しようと努力していた問題について書き、WWW（ワールド・ワイド・ウェブ・著者注）とは何で、どのように成長し、将来にどのような可能性があるかについて二段落分書き、解決しようとしている今の問題がこれこれ、解決方法として考えているのがこれこれ、アイデアはこう、収益を得るための方法はこうで、印刷の世界でページ・インプレッションが作れる金額はこうだが、それをオンラインの世界に翻訳するとこういうことが起きるということを書いただけです。以上がホットメールのビジネスプランの中心でした。

私はこれを一晩で書き上げました……

（サビール・バティア［＊44］）

**起業家にとってビジネスプランを書く時間があるなら、もしくはビジネス書籍を端から読んでビジネスを系統立てて捉えるような時間があるなら、試作品を作ったり、自社の製品やサービスをお客さん候補に売り込むことに時間を使ったほうがよほど実践的だ。**それなのに、なぜか世の中で「ベンチャーといったらビジネスプラン」という信仰が消えないのは不思議なことだ。おそらくそれは、基本的にはベンチャーキャピタルがビジネスプランの提出を求めるからだろう。あとは他人から見れば海の物とも山の物とも分からない自分の会社に対して幹部社員を採用したいとき、もしくは同じく資金調達の都合で商業銀行にビジネスプランを提出する、などの目的も含まれるだろう。

本当に書く必要に迫られた場合、つまり誰かに「ビジネスプランをご提出いただかないと、これ以上事務手続きを先に進めることができません」などと言われて、かつ君としても、どうしてもその事務手続きを進めたいと思う場合には、以下のような目次に沿って書いていけばいい（＊45）。基本的にはサビールが言っている通りなので、一晩二晩でドラフト（たたき台となる文書）を書いてみることをお奨めしておこう。

---

**1．ビジネスプランのまとめ**
**・事業コンセプト**
**・ターゲット市場**

---

・自社の製品・サービスと競争優位性
・事業の経済性と収穫《しゅうかく》の可能性
・経営チーム
・資金調達

2. 業界と製品またはサービス
・業界の特徴や業界環境（収益性）
・自社の製品やサービスの特徴

3. 市場調査と分析
・想定している顧客像
・市場規模とその動向
・競争相手と、それと比べたときの自社の競争優位性

4. 事業の経済性
・粗利《あらり》の大きさ、営業利益の大きさ
・主な固定費、主な変動費について

・どれくらいの売上で損益が分かれるか

5．マーケティング

・価格をどれくらいにするか
・販売エリアと販売チャネルの概要
・広告宣伝と営業の計画

6．研究開発

・開発の進捗《しんちょく》状況、問題点
・特許の取得状況

7．製造と営業プラン

・営業サイクル
・工場と機械設備
・規制と法務

8．経営チーム

・組織体制
・主な経営メンバー
・給与とストック・オプションの概要

9. スケジュール

10. 重要なリスク、問題点、前提条件

11. ファイナンス・プラン
・実績損益計算書と実績貸借対照表
・予想損益計算書と予想貸借対照表
・資金計画

12. 資金調達の詳細
・必要資金
・資金調達の方法
・結果としての資本構成（株主構成）

## ・投資家にもたらされる投資収益

**ところで、ビジネスプランも、一般的に言われているいわゆる事業戦略も、基本的には外部の環境や自社の内部の出来事などが変化するたびに見直すものなのだ、という認識を持っておきたい。**だから、一晩二晩で書くといった、ある種の「軽さ」が必要なのだ。つまりビジネスプランを書くことに、例えば一か月や二か月を使ったとしたら、お客さん候補だと思っていた人たちがまったく買ってくれなかったり、自社の広告宣伝プランがまったく功《こう》を奏《そう》さなかったときなんかに、面倒くさくてプランを修正しようという気持ちが無くなってしまうだろう。だって、また修正プランを書くのに一か月も二か月もかかると思うからだ。

人間というのは、自分が長い時間をかけて一生懸命書いたものが、たとえ目の前の「現実」に打ちのめされたとしても、自分がそのプラン作成にかけてきた時間を考えると、すぐに修正する気にはなれない生き物なのだ。だから、ここには注意が必要だ。起業家にとって、**早く失敗して早く修正するためには、絶対にビジネスプランを「作り込んで」はいけない。自分の思った通りにことが運ばなかったら、そのうち修正しなければならないのだという余地を残しながら、あくまでＰＤＣＡ（計画・実行・評価・改善）を回す道具としてビジネスプランや事業戦略を考えることだ。**それに沿って一生懸命やってみて、失敗したら早めにどこが悪かったかを見つめなおすのだ。

ＰＤＣＡの道具としてプランを書いてあればこそ、営業は想定通りだけれど、広告宣伝の効果が想定と比べて大幅に悪い、だから広告を違う媒体に切り替えてみよう、といったことを考えることができる。最初に買ってくれるお客さん候補としては○○を考えていたけれど、実際に売ってみたら××のような人が買ってくれた、だから計画を見直そうとか、そういうふうに使えばいい。前出のマックス・レブチンがビジネスプランについて語った言葉は起業家がよく覚えておくべき要素に溢れている。

---

私たち自身、自分が何をしているのかよくわからなかったと思っていますから。本当に優れた起業家は、一個の会社を作ろうとするものではないと思います。少なくとも、私が考える起業家精神というものは、だれか他人のためになど働いていられないということに気付くことです。そうしたら、自分のための仕事を始めなければなりません。それが何かは、ほとんどどうでもよいことです。私たちはビジネスプランを六回変えて、最後にペイパルにたどり着きました。

もしその最後の一つだったペイパルがうまくいかなかったとしても、まだ資金があって人が残っていたら、私たちはまちがいなく諦めなかったでしょう。新しいビジネスモデルを見つけて、何かほかのことをしていたはずです。

---

――（マックス・レブチン［＊46］）――

大成功したマックスのような人間でも、事業を始めた最初の頃には、自分が何をしているのかすらよく分からなかったのだ。そして、以前も書いたが、マックスは暗号技術の会社を始めようとして、その途中で六回ビジネスプランを書きなおし、最終的にはオンライン決済のペイパルという事業で成功した。**会社を始める前に六回やり直したのではなく、会社を始めてから六回やり直したというところに、起業家としての才能があるのだ。**

## ベンチャー企業では、大企業向きの人材を雇ってはいけない

会社が生まれるときに必要なものは「チエ」と「ヒト」、そして会社が成長するときに必要になるのは「カネ」と「ヒト」だ。これまで、会社を始めるときに必要な「ヒト」すなわち共同創業者の重要性、そして同じく会社を始めるとき（正確には会社を始めてからでもいいのだが）に必要な「チエ」である事業アイデアの創出について話をしてきた。さらに、会社が成長するときに必要になる「カネ」をどうやって集めてくるのか、つまり資金調達についても話をした。

ここでは会社が成長するときに必要になる「ヒト」、すなわち従業員についての話をしよう。ベンチャーにはどんなヒトを集めればいいのか、また、会社が成長していくステージの中でどんなことに注意をしなければいけないのかという話だ。

**まず初めにはっきりと言っておきたい。ベンチャーで必要になる人材というものは、大企業で必要になる人材とはまったくといっていいほど違う人たちだ。**面白いもので、大企業で成果を残したと言われている人たちがベンチャー企業に入るとあっさり討ち死にしてしまう（成果を残すことができない）。一方で、就職活動では大企業なんかに見向きもさ

れなかった人たちが、ベンチャー企業で大活躍し、大量のストック・オプションをもらい大金持ちになったりする。なんでこんなことが起こっているのだろうか。

**ベンチャーでは既に決まりきった業務というものがほとんど無い。お客さん候補のところでも話したが、今日自分たちがお客さん候補だと思っていた人たちが、明日違った人になってしまうかも知れないのだ。めまぐるしく環境が変化するのが、新しい製品やサービスを生み出すベンチャーの特徴だろう。**ベンチャーに参加する人には、そうした環境の変化に「極めて柔軟に」対応しながら、スピード感をもって仕事を前に進めていく知力と体力が必要になる。

もっとも、これはベンチャーに限ったことではない。環境の変化が激しい中で、グローバルな競争を強いられるようになった現在では、たとえ大企業であっても、意思決定と実行力にはスピードが求められる。そういう意味で、大企業においても起業家精神を持った人材をある程度抱えるよう努力しないと、あっという間にその存在自体が世界から消滅してしまう危険性もあるのだ。

**前出のガイ・カワサキはかつてベンチャーの人材採用について「君の会社の素晴らしさに『感染している人』を雇え」と言っている。**「感染」とは「影響を受け、それに染まること」を言うのだから、君の会社の製品やサービスに染まりきっている人ということだ。

つまり君の会社の製品やサービスを心から愛している人を雇うということだ。先の見えない闇の中を走るためには、暗闇を照らす光、つまり「情熱」がないといけないのだ。

ユーザーがホテルや名所についてレビューを投稿できる世界最大のオンライン・トラベル・コミュニティであるトリップアドバイザー社を創業したステファン・コーファーは人材採用における情熱の重要性についてこう語っている。


ほとんどどのポジションでも、よい仕事をしている人と非常によい仕事をしている人では給与に二〇パーセントの差がありますが、実際に行われる仕事の差は一〇〇パーセントから二〇〇パーセントもあります。

……人数を確保することよりも、正しい人を入れることのほうがずっと重要です。……リクルーター（人事部の採用担当の人たち・著者注）その仕事には、どのような条件が必要ですか？」とたずねるもの（採用を考えている・著者注）は、「のです。私の答は、「情熱がほしい。すばらしい仕事をすることを本気で考えるような人がほしい」です。考え方が違うのです。ソフトウェア、顧客開拓、ブランドデザイン、ＰＲ。どれか一つの部門に限った話ではありません。姿勢の問題です。そして、そういう人を入れれば、会社はずっとおもしろいところになります。

（ステファン・コーファー［＊47］）

**組織に入ると次第に分かってくるのだが、残念なことに、仕事で成果をあげない人間に限って、自分よりも年次や職位が下の人の邪魔をして、彼らの出世を阻《はば》もうとする。**これは人間が本来持っている「競争心」というものが、間違った形で表面化してしまう例だが、よくあることだ。人間というのはそういう生き物なのだ。こうした人間は、常に自分の周りに仕事ができない人たちを配置して、自分が競争に「勝つ」のではなく「負けない」ということで気持ち良くなっている。

**米国シリコンバレーで多くの人が口にする人材採用に関する格言がある。「Ａクラスの人は、Ａクラスの人を採用する。しかし、Ｂクラスの人は、Ｃクラスの人を採用したがる」というものだ。**これはベンチャーにとって重要なポイントだ。Ａクラスの人材（念のため言っておくが、間違ってもそれは学歴や家柄《いえがら》ではない）を最初に雇うことが重要なのだ。Ｂクラスの人材を雇って会社を成長させようとしたとき、あっという間にＢクラスの人材が保身を図ってＣクラスの人材を雇い、Ｃクラスの人材はさらに保身を図ってＤクラスの人材を雇い、ＤクラスはＥクラスを雇い……とやっている間に、会社はまったく働かない従業員たちであふれかえり、組織の生産的な活動がたちまち止まってしまうのだ。では、本当に採用したい自分の事業に「感染してくれる人」や「Ａクラスの人」を、かつて起業家たちはどのようにして見つけてきたのだろうか。

**結論から言おう。起業家たちは、共同創業者を選ぶときと同じように、従業員の最初の一〇人くらいはやっぱり自分の周りにいる優秀な友人を集めてきている場合が多い。**インターネットの黎明期では、何しろこの全く新しいテクノロジーの世界に従業員を引っ張ってくるのは大変なことだっただろう。ヤフーの創業者以外の最初の社員、ティム・ブレディが言うには、ヤフーの初期のメンバー、とりわけ最初の二〇人は全員顔見知りだったそうだ。

全員が若かったので、インターネットがどうなるのかについて心配する社員はいなかった。若き従業員たちは、ヤフー社の可能性に触れ、ジェリー・ヤンやデビッド・ファイロという二人の若き創業者に触れ、感染してヤフーに入社した。彼らはただ、おもしろそうな仕事を探し、基準に合ったヤフー社に飛び込んだのだ。

**本当に一緒に働きたいと思う人がいるならば、それはどんなことをしてでも口説かなければならない。一回断られたくらいで引き下がってはならない。**僕が技術系ベンチャーの社長をやっていたとき、僕は一緒に働いてくれる優秀な副社長が、どうしても必要だと思っていた。そして僕には「この人となら一緒にデカいことができるかも知れない」と思い当たる人がいたのだ。

僕は彼を延々と口説いた。しかし、最初は絶対に無理だろうと思っていた。引く手あまたの彼にとって、僕の会社に入る必要性などなかったはずなのだ。だが彼は、最後には僕と一緒にベンチャーで戦うと言ってくれた。その後に起こった大変で長い旅路を考えたとき、やっぱり彼がいてくれて良かった、妥協をしなくて良かった、口説いて良かった、諦めなくて良かったと思ったものだ。

当時、僕の話を聞いて「考えさせてください」と言った彼は、一週間後に、僕に心のこもった、僕がこれまで見たこともないくらい温かいメールを送ってくれたのだ。そのメールの冒頭には「加藤さんのオファーを受けることにしました」と書いてあった。**そしてそれを印刷した紙は、ボロボロになりながらも、今でも毎日僕の仕事バッグに入っている。仕事が変わっても、あの青春の日々を忘れないために。**前出のエキサイト創業者ジョー・クラウスも人材採用に関して、次のようなことを言っている。

---

新興企業の世界では、あまりにも多くの人が諦めてしまっています。簡単に諦めすぎなんです。いい例が人材の獲得です。私は、最初の「ノー」は耳にも入れません。入ってほしい人が「いやあ、興味がありません」と言うと、私は、「さあ、これからが勝負だ。今がたいへんな仕事のスタート地点だ」と思うようにしています。才能を見つけるのは難しいことですが、優秀な人は仕事を探したりせず、

---

**仕事のほうがそういう人たちを買っていきます。そして、仕事のほうが優秀な人に目を付けたとき、彼らは最初はノーと言うものです。その壁を突き崩してほしい人材を獲得しなければなりません。**

**（ジョー・クラウス［＊48］）**

最後に、会社の規模に関する話を少ししておこう。会社が少しずつ大きくなると、自分の考えをできるだけ多くの人に効率的に伝えなければいけなくなってくる。会社が創業者数名だけならば、昼ごはんでも食べながら、全ての情報を毎日毎日共有することができる。あえて会議なんてやらなくても、あえて報告会なんてやらなくても、きっとみんなは自分のことを分かってくれる。

ところが従業員の数が増えてくると、とたんに色々なものが伝わらなくなってくる、共有できなくなってくる。不思議なものだ。前出のマーク・ジャンは、自身の経験から、従業員数によって変わってくる社長と従業員の関係についてこう語っている。**「従業員が五〇人を超えるとすべての従業員の名前を覚えられなくなってくる。従業員が一〇〇人を超えると、今度は誰が従業員で、誰がたまたまオフィスを訪れた従業員の配偶者《はいぐうしゃ》なのかの区別が分からなくなってくる。さらに従業員が四〇〇人を超えてくると従業員はあなた（創業者）のことすら知らないで仕事をするようになるのだ」**と。

起業家は人材の採用や組織の成長について、最初は簡単に考えてしまう。ところが、一回経験すれば分かるが、ここで話したようなことが必ず起きてくるものだ。何よりも最大のカギは最初の一〇人まで、絶対に従業員に関しては妥協してはいけないということだ。

## 事業が上手くいかなくなったときの対処法：立て直しと法的整理

事業には成功するときもあれば失敗するときもある。以前の項でも触れたが、起業家にとっては、いきなり成功をつかもうとするよりも、できるだけ早いタイミングで多くの失敗を経験し、そこから素早く立ち直って、最終的に成功するという姿勢が何よりも重要だ。ここでは事業が上手くいかなくなったときのこと、実際に事業として大きな失敗をしたときの立ち直り方について話をしたい。

ベンチャー企業が上手くいかないということは、つまり売上が想定通りに立たないということだ。これくらい売れるだろうと思って従業員を大量に採用したのに、もっと売れると思って生産設備を作ったのに、なかなか自社の製品やサービスが売れない。こんなことは実はよくある。しかし、初めて経験する事業の大ピンチに、パニックに陥ってしまう起業家たちが多いのも現実だ。

**まだ傷口が浅いときには単純なコスト削減などをして帳尻《ちょうじり》を合わせていけば足りるかも知れない。**具体的には、想定よりも少ない売上に見合う費用にするために、従業員の残業を抑制し、電気代を削り、電話代を削り……、ということを淡々とやっていく。売れないものは売れないのだから、コストを削減するしかないのだ。**傷口がより深い場合には、前記のケチケチ作戦くらいではコストの削減が追いつかず、何割かの従業員を解雇し、オフィスを賃料の安い場所に移転する必要があるかも知れない。**

会社が急激に失速すると色んなことが社内で起こってくる。僕は潰れかけたベンチャー企業の社長をバトンタッチされたことがあるから、これに関しては相当のベテランだ。会社が成長し、儲かっているときにはどんなことがあっても社内の雰囲気は良いものだ。「売上は全てを癒《いや》す」のだから。創業者が良いのか悪いのか、アイデアやビジネスモデルが良いのか悪いのか、従業員の質が良いのか悪いのか、こういったことは、売上が拡大していると「結果から過程を導く逆算のプロセス」で全て肯定《こうてい》されてしまう。つまり、売上が上がっているのだから、何かが優れているのでしょうという理屈だ。

売上が順調に拡大しているときは、従業員の誰もが社長のことを悪くは言わない、たいしてその人間性を知らなくても「うちの社長はすごい人なんです」とか言っている。**ところが一たび会社が傾き始めると、急速に社内の空気は冷え込んでくる。人間関係がギスギスしてきて、少しずつ従業員が会社と社長の悪口を言い始める。**今度は「反対の逆算のプロセス」で、売上が想定通りに立たないのは、創業者が悪い、アイデアやビジネスモデルが悪い、従業員の質が悪いからに違いないという噂話で社内が持ちきりになる。笑っちゃうけど、本当なのだ。従業員の返事は悪くなり、頼んだ仕事の納期《のうき》は守られない。優秀だと思っていた従業員から次々に辞表が提出される。「事業」がうまくいかず、ただでさえ経営者は悩んでいるというのに、それに追い打ちをかけるように今度は「組織」が傾いていくのだ。

起業家はこんな状況に陥ったとしても、淡々と耐えていかなければならない。孤独な仕事だ。自分が思っているよりも、もっとずっと早いスピードで会社というのは傾いていくのだ。元をたどれば、なんでこんなことになっているのかというと、要は自社の製品やサービスが、自分が考えていたお客さん像に受け入れられていないということなのだ。そしてその苦しい状況を見た従業員たちが、急速な勢いで自分から離れていくということだ。

**だから製品やサービスの作り方や売り方といったものを急いで修正すると同時に、従業員を中心とした組織の立て直しを急いで行っていかなければならない。**それこそ、リンクトインの創業者リード・ホフマンが言ったように「高い高い崖から飛び降りて、地面に着地するまでに、宙に浮いた状態で、自力で飛行機を作って、それに飛び乗る感覚」に近いのだ。前出のマーク・ジャンはかつて自分のベンチャーが急速に上手くいかなくなった際、従業員の一時的な解雇（レイオフ）を行ったときの苦いエピソードについてこのように述べている。

ある女性が僕の席に近づいてきた。従業員の一人だ。彼女は涙を流していて、なかなか話を始めることができなかったが、やがて放たれた言葉が怒りの感情に満ち満ちていることは僕にも分かった。彼女は泣き叫ぶように僕に言ったんだ。

「私はこの会社と社長のあなたに人生を捧げてきたと思っています。あなたがこの会社で私を採用し、私は自分が前の会社で持っていた職務や給与を捨ててこのベンチャーに参加しました。私が朝から晩まで働きに働いてきたことをご存知でしょう。私の仕事に対する覚悟は一度たりとも揺るがなかったじゃないですか。それなのに、いま目の前にある、この『解雇通知』が、私がこの会社に誓ってきた忠誠心と引き換えに、私が得るものなのでしょうか。あなたは私の親しい仕事仲間がそこでまだ働いているというのに、こうして私だけをズタズタに切り刻んで、道ばたに投げ捨てるようなことをするのですか」

僕は上場企業の社長で、周りには解雇されなかった従業員たちが聞き耳を立てている。そんな状況下で、僕には何もできなかった。社長というのは自分の行動の責任から逃れることはできないんだ。外部の環境変化も含め、それがコントロール可能だったかどうかは別として、やはり僕の行動が会社をこうした状況に追いやったのだから。

――（マーク・ジャン［＊49］：日本語訳は著者）――

なんとマークはこうした状況を最後には乗り越えた。一九九九年、彼が大学時代の友人たちと「若者のポータルサイトを作ろう！」といって創業したIGN社は、たった一三か月で従業員を二五人から四〇〇人に増やし、急速な成長を遂げながら、ドットコムバブル（ITバブル）の波に乗り、米国NASDAQ（ナスダック）という株式市場に上場した。

ところが株式を公開してからすぐに悲劇が始まったのだ。ドットコムバブルがハジけ、上場後まもなくは一〇〇〇億円近くあった会社の時価総額は、二年後にはついに一億円まで三ケタも落ち込んだ（一〇〇〇分の一になった）。IGN社の株価の下落幅は、ドットコムバブルを通じてNASDAQ史上最悪の記録となったのだ。四〇〇人いた従業員を四回の解雇によって五〇人まで絞らなければならなかった（さきのエピソードはその頃のもの）。

しかしここでマークはあきらめなかった。一度会社を証券市場から引き降ろし、その後四つの会社を買収して売上を増加させ、IGN社を再度証券市場に上場することに成功した後、二〇〇五年に米国大手メディア会社のNews Corp（ニューズ・コープ）社に売却したのだ。起業家らしく、目が回るような変化をひたすら乗り越えた結果だった。

**さて、従業員を解雇し、在庫を調整し、オフィスを賃料の安い場所に移転し、ケチケチ作戦も全部やり、それでもダメな場合はどうすればいいだろうか。**そう、会社が潰れたらどうなってしまうのだろうか。僕たちには何が待っているのだろうか。人生が終わってしまうのだろうか。僕たちはやり直せるのだろうか。

**これに関しては明確な答えを書いておこう。大丈夫、僕たちはやり直せるんだ。法律が僕たちを守ってくれる。時代は変わったのだ。**かつては、銀行からお金を借りるために自宅を担保に差し入れて、さらに個人としても連帯保証を入れるケースが多かったことから、一度会社を倒産させてしまうと、個人として人生や事業をやり直すことは難しかった。この頃と今との違いについてジェリー・カプランが父の時代について語った言葉で少し補足しておこう。

---

父は言った。「いろいろな書類にサインをさせられただろう」。ローンに個人保証が必要なことを言っているのだ。父はかつて、季節の変わり目ごとに、在庫の山を抱えて資金繰りに頭を悩ませた。個人資産を担保に入れなければ、銀行は金を貸してくれなかった。父の会社は結局、つぶれてしまったが……。

ぼくはそれを聞いて思わず笑ってしまった。父の時代と比べると、世の中はずいぶん変わった。あの頃、事業を始めるには、すべてを投げ出す覚悟が必要だっ

---

た。貯金も、家も、自尊心も。事業は人そのものだったから、失敗すれば、すべてを失う。しかし今日では、事業と個人のあいだには明確な一線が引かれている。会社が倒産しても、経営者の個人資産は法律で守られている。……四十年前だったら、ぼくははたして会社を始められただろうか。そんな度胸はなかったかもしれない。

（ジェリー・カプラン［＊50］：著者による加筆・再構成）

今でも銀行から担保付きの借入や、個人で連帯保証することを条件にした借入を行えば、会社が潰れると家や株券などの資産は持って行かれることもあるだろう。とはいえ、**事業が行き詰った際に、担保で支払うことができなかった部分の借金を帳消しにする法律が二〇〇〇年に日本でも施行された。これは民事再生法という名の法律で、極めて使い勝手の良い素晴らしい法律だ。**貸し手の合意が必要ではあるものの、借金を帳消しにして、君は社長として会社を再スタートすることもできるのだ。

米国ではこれをチャプターイレブン（米連邦破産法第一一条）と呼んでおり、現行の連邦破産法の骨格は一九七八年に整備されたようだ。日本ではだいぶ遅れたが、こうした倒産法（法的整理《ほうてきせいり》と呼ぶ）の整備、そして無担保融資を行うようになってきた金融機関のおかげで、起業家たちが大きく資金調達をしながらも、会社と個人（自分）を明確に切り離して事業をスタートすることができるようになったのだ。

大丈夫、事業に失敗したとしても、昔と比べたら失うものははるかに少ない。だから失敗をすることが可能になったのだ。**大きな傷もなく失敗することができると分かったら、あとは失敗を恐れずにどれだけ回数多く果敢に挑戦できるかが勝負だろう。準備が整ったら、あとはもう、やるしかないのだ。**

## 愛した子供が自分の手を離れるとき：M&AとIPO

会社を成長させるためにはどうすればいいのかについて色々な話をしてきた。主に会社が成長するときに必要になる「カネ」と「ヒト」についての話だ。ここでは、自分が苦労して産み落とし、ここまで必死に育ててきた会社を、他者に売却することについて少し話をしよう。

**まず会社を売却するというのは何を売却するのかというと、それは会社の株式だ。**株式というのは会社の所有権であり、この所有権を持っているということは会社の運営に関して議決権を持っているということ、そして何よりそれが儲かっている会社の場合、会社の利益をポケットに入れる権利を持っているということだ（これを配当という）。

だから他人が会社を買おうと考えるとき、それはその会社の「経営権」が欲しい場合と、その会社が将来生み出す「利益（お金）」が欲しい場合とがあるだろう。お金が欲しいというのは分かりやすいが、経営権が欲しい場合というのは、その会社が持っている技術者やアイデアマン、自由な組織風土などといった目に見えない資産などを、会社というハコを通じて自分の会社に取り込みたいと考えている場合などが多い。

**では自分の会社の株式を売却するといっても、その価格はどうやって決まるのだろうか。先に言っておくが、これに絶対の方程式などない。常にこうした売買というものは、需要と供給で価格が決定しているので、自分が一億円の価値しかないと思ったものでも、買い手が一〇〇億円で買いたいと言えば、それが「価格」なのだ。**一つの会社というものは唯一無二だから、美人コンテストのようなもので、審査員にも好き嫌いがあるということだ。不思議だが、これは仕方ないのだ。こうして世の中は成り立っているのだから。

とはいえ、年間の利益が五億円しか出ていない会社なのに、その会社の株式が一〇〇億円で売買されたりするのはどうしてだろう。これには基本的な原則がある。会社が年間五億円の利益を生んでいるとして、もし誰かがその会社の株式を持っていれば、その年に五億円の利益をポケットに入れる権利があるということだ。そして、その株式を持っているということは、来年もその権利があるということで、会社が来年も同じく五億円の利益をあげることができたとすると、株主は来年も五億円の利益をポケットに入れる権利がある。さらに、場合によって、来年は一〇億円、再来年は一五億円と、五億円ずつ利益が成長していくことだって考えられる。

こうして考えると、今日一〇〇億円でその株式を買ったとしても、六年で一〇五億円（＝五＋一〇＋一五＋二〇＋二五＋三〇）の利益をポケットに入れることができるのだから、六年で元が取れるということだ。もちろんその逆だってある。今年五億円の利益が出ている会社でも、来年は三億円、再来年は一億円と、徐々に衰退していくことだってある。このあたりを考慮に入れて、買い手はいくらで株式を買うのかを決めている場合が多い。

**面白いのは、今では資本金一円の企業というものも作ることができるから、たとえ一円を株式への払い込み代金として始めた会社であっても、その元値一円の株式が一〇〇億円で売買されることがあるということだ。**株価というのは特に事業を始めた初期の段階では、その会社が成功するのか失敗するのかまったく分からないわけだから、高い価格が付きにくい。資金調達のところでも少し話したが、その段階で一部であっても株式を手に入れようとする、つまり出資してくれようとするエンジェル投資家などは、先が見えず会社全体の価値が低く見積もられているときだからこそ、割安で多くの株数を手に入れることができる。そして、その次のステージではもう少し割高になった株式をベンチャーキャピタルが引き受けるという流れだ。

こうして会社の実態がどんどん明るみに出てくる。上手くいけば、夢や空想に過ぎなかった計画が何度も何度も修正されているうちに、会社は利益を生み出すようになってくる。そうすると、その会社に対して、とたんに将来に対する明るい憶測が飛び交うようになる。来年はもっと成長するのではないか、再来年はさらにずっと成長するのではないか、そして一〇年後はとんでもない規模の会社になっているのではないか、などなど。**こうして会社はあるステージを超えると、株価が一人歩きしながら、高騰《こうとう》することもあるのだ。そして創業者は株式という「未来の利権《りけん》」を売却することに成功する**（もちろん一部のみの売却のときもあるけれど）。ここで、前出のジェリー・カプランに語ってもらおう。

---

ＶＣ（ベンチャーキャピタル・著者注）は通常、投資した金を五年以内に五倍から一〇倍に増やしたいと考えている。新会社の側からすれば、これを借金と考えると、年に五〇パーセント以上の利息を支払うことにひとしい（すこし前なら、犯罪になった高利である）。このように資本コストが高いため、スタートアップ・ゲームは時間との戦いになる。

ゲームの締め括りは、新規株式公開である。略して、ＩＰＯと呼ばれる。いきなり上場ということはなく、まずは店頭登録（証券取引所ではなく証券会社の店頭で取引するために非上場株式を証券業協会に登録すること・著者注）というのが普通である。会社の株が市場で売買されることになり、リスクの高いベンチャーが、十分な収益を見込める企業になったと見なされる。このときまで、ごく例外的なケースを除いて、手持ちの株を換金することはできない。株式を公開すれば、起業家はいつでも好きなときに株式を市場で売却できる。投資家も従業員も

---

そうである。このとき、スタートアップ・ゲームは勝利で幕を閉じ、一人前の会社が誕生する。起業家は株を売り払って引退してもいいし、安定した会社を経営するというリスクの少ない仕事を引き受けてもいいし、振り出しに戻って新しいゲームに挑戦してもいい。

（ジェリー・カプラン［＊51］）

**会社を売却するパターンは主に、不特定多数の個人や法人に株式を売り出して、証券取引所のなかで売買させるIPO（イニシャル・パブリック・オファリングの略）と、会社の株式を個人や法人に一括で売却するM&Aに分かれる。**ＩＰＯは不特定多数の人を相手にするので、とても自分の会社だけで取引をまとめることはできず、ここの仲立ち人として証券会社や証券取引所というものに入ってもらうのだ。これを不特定多数の人に株の権利を公開することから、新規株式公開とか証券取引所への上場とか呼んでいる。日本でも大小多くの証券取引所があるが、東京証券取引所などが有名だ。

一方でM&Aは買い手との相対取引《あいたいとりひき》だから、取引はさほど複雑ではない。基本的には交渉を経ての一回勝負といった感じだ。ＩＰＯならば相手が不特定多数だからこそ「誰かに売却した」とか「誰かに支配された」という感覚は少ないが、M&Aは、会社がある日完全にある特定の個人や法人に所有されるということだから、創業者としてこの二パターンに関する感覚は大きく違うだろう。

**ＩＰＯは不特定多数の個人や法人を相手にすることから証券取引所の審査基準が厳しいが、Ｍ＆Ａで会社を売却するときには、要は「相手が買いたいと言えば、売れる」わけだから、極めて簡素な手続きになる。もちろん審査などない。売却の途中でデューデリジェンスという名の調査を入れる場合が多いが、これが終われば株式を売り渡す契約を結び、お金が振り込まれる、それだけだ。**

起業家にとっての大きな問題は、いつ売るかだ。基本的には、不透明な将来の利益や業績の可能性に対して、買い手がつけた予想（つまりそれを反映した売買株価）に関して売り手である起業家が納得すれば、その時が売り時だ。自分の会社は将来もっとずっと成長すると自分が思っているのに、買い手が平坦な成長を予想してそれをもとに購入希望株価を設定したのであれば、なかなか交渉はまとまらないだろう。

とはいえ、多くの起業家がどこかのタイミングで、この内なるジレンマに決着をつけ、会社を売却しているのだ。**Ｍ＆Ａによって会社を売却せず、自力で成長しようとしたことによって、逆に自分の成長を阻害してしまうこともあるので注意が必要だ。**携帯電話用ＯＳの開発会社であるＡｎｄｒｏｉｄ社を創業したアンディ・ルービンも、自力での成長を志向するのではなく、グーグル社に早期に会社を売却したからこそ、Ａｎｄｒｏｉｄをシエア八〇%という世界最大のOSとすることができた。自力で会社を運営することにこだわっていたら、こうはならなかっただろう。フェイスブックの創業者であるマーク・ザッカーバーグですら、売るときのタイミングについて躊躇していたという話がある。かつてのヤフー社のCOO（最高執行責任者）であるダン・ローゼンスウェイグの話を聞いてみよう。

（あなたはフェイスブック社のマーク・ザッカーバーグから会社を一〇億ドル《一〇〇〇億円》で売ることにサインさせた世界でただ一人の人間ですよね？と質問されて）

最終的には上手くいかなかったんですけどね。マークは確かにサインをしたけれど、それは実行されなかった。つまりフェイスブック社は売却されなかったんです。彼は交渉の一番最初から会社を売りたいとは思っていなかったんですから。

素晴らしい起業家の多くは、最後の最後に「やっぱり自分の会社を売ることなんてできない！」って思うものなんですよ。シリコンバレーの歴史を見ても、イーベイ社も何度もヤフー社に会社を売却しそうになりましたし、ヤフー社だってAOL（エーオーエル）社にたった二億円で会社を売却しそうになった過去もあります。そのAOL社だって何度もジフ・デービス（ZD：米国のコンピューター関連情報企業）社に会社を売却しそうになったんです。イントゥイット社もマイクロソフト社に身売りしそうになりました。毎日、世の中ではこういうことが起こっているのです。起業家にとっては、反対に、「今が売り時だ。売却してしまおう」と思う日もあるんです。一〇億ドルというのは確かに大きなお金に聞こえますからね。

……私はフェイスブックに四〇〇〇万人しかユーザーがいない時に彼と知り合ったんです。私たちはもし四〇〇〇万人が一八〇〇〇万人になったら、大学生全員を囲い込むことができるぞと思っていました。ただマークは言ったんです「フェイスブックは大学生のためのものじゃない。たまたま大学からスタートしただけです」と。その時私の頭には、インターネットで大成功した会社はみんなサービスを主軸にしていたことが浮かんだのです。

Ｅメールもサービスです。検索エンジンだってサービス。オンライン旅行代理店のトラベロシティだってエクスペディアだってサービスです。イーベイも、アマゾンも、アップルもサービスじゃないですか。マークはフェイスブックをメディアなどといった古い枠組みで見ていなかったのです。彼はフェイスブックをすべての人が使えるサービスインフラのようなものと見ていました。誰だって、他の誰かとつながっていたいものなんだ、と。

……彼は売りたくなかった。だから私たちが売らなくても良いんだよと言ったら、ほっとしていました。彼も、取締役会から売却に対するプレッシャーがあったのだと思います。そして最終的には、彼が正しかった。ヤフー社が買収していたらどうなっていたかは誰にも分かりません。ヤフー社はフェイスブック社を潰してしまったかも知れないし、フェイスブック社はヤフー社の力でより大きくなっていたかも知れません。それは、誰にも分からないのです。

(ダン・ローゼンスウェイグ［＊52］：日本語訳は著者)

会社を売却して多くのお金を手にしたら、ジェリー・カプランの言うとおり、引退するという選択肢、そのまま会社を経営するという選択肢、はたまた振り出しに戻って新しい会社を起こすという選択肢などがあるだろう。そのうち、どれを選ぶかは君がゆっくり決めれば良いのだ。

# 第5章

# いつも覚えておきたいこと

「ちょっとの間で良いから、
世界で一番の金持ちになってみたいと思うよ。
ほんの一瞬でいいからさ」
（ジム・クラーク：ヘルシオン社を上場させた直後に言った言葉）

## 自分は本当に十分なリスクを取ってきただろうか？と時々振り返ろう

さあ、これがこの書籍最後の章だ。君は起業家として、いつ事業を始めるのかということ、なぜ始めるのかということ、そして誰と何を作るのかということ、誰にどうやって売るのかということ、そしてどうやって会社を大きくするのかということを学んできた。この章では、もう一度初心に戻って起業家精神の本質を再確認しよう。

しばらく起業家としての道のりを歩んだら「自分は本当に十分なリスクを取ってきたのだろうか」ということを時々振り返ってみよう。ティナ・シーリグも言っているが**「失敗していないとすれば、それは十分なリスクを取っていないから」**なのだから。何か不透明なもの、先が見えないものに対してどんどん突き進んでいく場合、失敗しないなんてことはありえない。だから、**大きなものを摑もうとすればするほど、壮大な夢を描けば描くほど、大きな失敗を経験しながらしか、前進できないものなのだ。**かつてヒューレット・パッカード社の女性CEOとして活躍したカーリー・フィオリーナは、リスクを取ることや起業家精神についてこう語っている。

成功する人とそうでない人の一番の違いは、自分の弱さに対する向き合い方の違いなのです。ある人は恐怖から逃げ出してしまうけれど、ある人は恐怖に正面から向き合っていく。本当の勇気というのは「恐くない」ということではなく「恐いけど、でも逃げない」ということなのです。

全ての人がいつも恐れていることは何でしょうか？　それは「新しいことを始めること」です。起業家精神の本質は「リスクを取ること」です。そしてビジネスの本質も「リスクを取ること」なのです。また、リスクを取るということは、新しいことを始めるということなのです。ところが、人それぞれ、これまで生きてきた人生というものがあるから、あえて新しいことを始めようとはしないものです。

だから、新しいことを始めようとすると、いつも抵抗にあうのです。人間は弱い生き物だから、たとえ自分が現状に満足していなかったとしても、未知のことに挑戦しようとはしないのです。みんな「今あるものを失ってしまうのではないか」と恐れているのです。だから、皆さんが会社を経営したり、組織を運営したりしようとするなら、このことをまず知っておかなければならないのです。

（カーリー・フィオリーナ［＊53］：日本語訳は著者）

人間という生き物には、安定を好む性質が備わっている。だから、小さな失敗を経験しつつも、自分の会社の売上が少し安定すると、当初の野心とは裏腹に「会社の成長は置いておいて、なんとかこの小さな売上を守ろう」という気持ちになってしまうものだ。ところが起業家の世界では、いったん苦労してなんとかニッチの市場を取ったとしても、次なるリスクを取って、どんどん横の市場を渡りながら会社を大きくしていかなければならない。今と同じことをやっていて、永遠の安定を手に入れることなど、そもそもできないのだ。ベンチャーというのはいつも壮大な綱渡りで、会社をどんどん大きくしていく過程でいつもリスクと背中合わせなのだ。だからこそ、最終的に得るものも大きい。

**本当にやらなければならないことは、もし今の自分が小さな分野や範囲で上手くいっていたとしても、それを全部ご破算にして、全部ぶち壊して、新しい製品やサービスをどんどん世に送り出していくということなのだ。**リスクを取るタイミングというのは、事業のスタート地点だけではない。一回成功したと思われても、継続的に大きなリスクを取らなければ、やがて止まることを知らない消費者の欲求から取り残されてしまう。より良く、速く、安い製品やサービスを生み出す競争相手は増え、次第に自社の製品やサービスは陳腐化してしまう。**起業家は、一回の小さな成功で落ち着いてしまって、次なるリスクを取らない「一発屋」で終わってはいけないのだ。**

シリコングラフィックス社はかつて一世《いっせい》を風靡《ふうび》したにもかかわらず、最終的には時代に取り残されてしまった企業の良い例だろう。一九八二年にジム・クラークが創業した同社は、三次元の画像処理ワークステーション（業務用の高性能なコンピュータ）を世に送り出した会社で、このワークステーションはスティーブン・スピルバーグ監督の映画「ジュラシック・パーク」に登場する恐竜たちを作り上げるのに貢献したことで有名になった。

かつて三次元の画像処理といえばシリコングラフィックス社というほど有名だったが、年々コンピュータのチップが安くなるにつれて、徐々にその存在感を失うようになる。インテル社のゴードン・ムーアが提唱した「半導体の集積密度は一八～二四か月で二倍になっていく」というムーアの法則が見事に当たり、チップの性能向上に伴ないコンピュータの処理能力が飛躍的にアップする一方で、販売価格は急速に下がっていった。

一九九〇年代初め、最盛期だったシリコングラフィックス社のワークステーションの価格は四万ドルから五万ドル（四〇〇万円から五〇〇万円）程度。対するサン・マイクロシステムズ社の画像処理ワークステーションは一万五〇〇〇ドルから二万ドル（一五〇万円から二〇〇万円）になっていた。さらにＰＣは五〇〇〇ドル（五〇万円）を切る値段で売られていたのだ。

シリコングラフィックス社は競争相手を睨《にら》みつつ、自社で高性能かつ安価なチップを開発・製造していかなければならなかったが、ジム・クラークから経営をバトンタッチされていたエド・マクラッケンCEOは、高価格ワークステーションの市場に固執《こしつ》し、この安価なチップの生産設備への投資を行わなかった。そして、やがて市場から取り残されたのだ。創業者のジム・クラークはこう言っている。

**「おそらく現在ではコンピュータ業界で低位の地位に甘んじざるをえなくなってしまったシリコングラフィックス社は、未来を見通すつもりがないかぎりは安全確実に見え、当面は利益も生むニッチ市場に執着した経営陣の犠牲になった優良企業の典型だと言える」**

反対にムーアの法則を味方につけて、三次元画像処理チップの市場で新たに世界を席巻したのが、ジェンスン・フアンが創業したエヌビディア社だ。彼はムーアの法則を先読みし、当初は高価だったチップが急速に安価になっていく過程で、エヌビディア社を生き残らせて業界のリーダーにすることに成功した。現状に満足せずに、会社を潰す覚悟で次の技術イノベーションの波に果敢に挑もうとする姿勢は、まさに起業家といったところだ。ジェンスンに語ってもらおう。

---

**イノベーションを起こすというのは、会社を危険にさらすということでもあるんだ。起業家が素晴らしいアイデアを思いつくとする。彼は苦労しながら、さらに良い製品やサービスを目指していく。毎年改良が加わり、最終的にはある時点**

---

でお客さんから十分な性能だと判断されるだろう。それがパーソナルコンピュータであろうと、車であろうと、マイクロプロセッサであろうと、画像処理のプロセッサであろうと同じことだ。

ムーアの法則は素晴らしいよ。半導体技術は我々に途方もないスピードで技術的な飛躍をもたらしてくれた。ただ、お客さんにとってはこの技術も、あるところで満足いくレベルになってしまうんだ。

一九九〇年代の後半、会社を始めて六、七年経ったころだったかな、僕はある考えにたどり着いた。三次元画像処理チップというものは、スクリーン上のポリゴン（三次元コンピュータグラフィックスにおいて、三角形や四角形などの組み合わせで物体を表現する時の各要素のこと）を映す、固定的な技術として維持していくのは難しいんじゃないかということだ。

だから、僕はその時成功していた会社を、一回ぶっ壊して、もう一回作り直さなければならないと思ったんだ。僕は、三次元画像処理のプロセッサ本体を、プログラム可能な形にしなければならないと思った。三次元画像処理チップを、ゲーム開発者たちが創造力を表現できる媒体にしなければならないと思ったんだ。

そして僕たちはＧＰＵをプログラム可能にして、プログラマブル・シェーダという名前の製品を開発した。マイクロソフトのＸｂｏｘや、ソニーのプレイステーション、他のＰＣゲームなど、その全てに僕たちの仕事の跡が残っているよ。

これが三次元画像処理チップの世界で、新しいイノベーションとなり、産業はさらに活性化した。ただ、ある世代から次の世代へ技術が移り変わる瞬間に、場合によっては僕たちの会社は潰れてしまうかも知れなかったんだ。……ハイテク産業にいる場合、自分で自分の会社を壊して作り変えるようなことをしないと、やがては競争に負けてしまうんだ。

（ジェンスン・フアン［＊54］：日本語訳は著者）


十分なリスクを取り続けていないと、それがどんなに素晴らしい技術でも、どんなに素晴らしい人間が運営していたとしても、やがて競争相手が迫ってくる。起業家は常に、成功と失敗の境界線上に乗り続けることを楽しむのだ。

## 偉い人だからこそ未来を予測できないことを頭に入れておこう

何か新しいことを始めるとき、新しい何かに挑戦するとき、いつも覚えておいて欲しいことがある。それは、いつも自分の周りには常識や慣習の罠《わな》に囚《とら》われている人たち、人の足を引っ張りたがる人たちがいるということだ。「**絶対無理だって！**」「**やめとけって！**」「**お前にできるはずない！**」。**昔から何度こうした言葉をかけられただろう。そのたびに「いやいや、それはできないと思っている君にはできないかも知れないが、僕にはできるのだ」と思ってきた。**僕は昔からそういう性格だった。事実、まわりに何と言われても、意を決して僕がやったことは、ことごとく実現していった。この物の考え方（メンタリティ）が功を奏し、僕は不思議な経験をたくさんした。

一つ例をあげよう。僕たちが毎日使っているパーソナルコンピュータについての話だ。今では一人に一台といった感じになっているので、家庭に数台のノートパソコンがある家も決して珍しくないだろう。ところが昔はそうではなかったのだ。一九四三年、ＩＢＭ社の会長だったトーマス・ワトソンは「世界中探しても、パーソナルコンピュータの市場はせいぜい五台分くらいのものだろう」と言っていた。大型コンピュータ（メインフレーム）を売りにしていたIBM社は、八〇年代に入ってもこの言葉に従い続けたために、パーソナルコンピュータの夜明けに気づくのが遅れたのだ。

もう一つ例をあげよう。一九七七年、DEC（ディジタル・イクイップメント・コーポレーション）社の創業者ケン・オールセンは「個人が家にコンピュータを持つ理由はない」と言っている。冷蔵庫サイズのミニコンピュータの開発で成功したDEC社も、個人向けのパーソナルコンピュータ市場の勃興《ぼっこう》に気づくのが遅れてしまった。こうして権威《けんい》ある人間が、ことごとくパーソナルコンピューティング時代の到来を予見できなかった。そればかりか、彼らはまわりの人たちにこうした「誤った」発言を繰り返した。彼らは本当に、パーソナルコンピュータが大きな市場になるとは全く思っていなかったのだ。

物の考え方っていうのは重要なのだ。**何か新しいことを始めようとするときや、大きなことを成し遂げようとするとき、必ずこうした「偉い人たち」や「権威のある人たち」が、専門家としての意見やら、経験やら何やらを持ち出して、君たちを止めに入る。**テクノロジーやアイデアを使って世界をより良い場所に変えようとする若者たちは、これに巻き込まれないように気をつけなければならない。

嚙みつくように物を言うのは、いつの時代も若者の特権だったじゃないか。ロジカル・

シンキングなんて表面的なテクニックが流行っているから、若者が逆に萎縮《いしゅく》してしまっているのだ。専門家が言っていることは、「ある都合の良い前提」を置いて話しているだけで、その前提だって相当疑わしいというのに、専門家は大切であるはずのその前提を議論の中で混ぜこぜにしてごまかすものだから、「専門家は正しいんじゃないか」なんて、みんな誤解しているのだ。

**ロジカル・シンキングなんて、どうでも良いじゃないか。僕たちは、起業家精神を持って、どんなに偉い人でも絶対に予見することができない「未来」を扱っているのだ。だから誇大妄想《こだいもうそう》でも何でもいいから若者は自己主張に明け暮れれば、それでいいのだ。**後にグーグルに買収された有名なブログサービス「Blogger.com（ブロガー・ドットコム）」を創業したエヴァン・ウィリアムズも起業家へのアドバイスを求められて、かつてこんな話をしたことがある。

---

妥協は、すばらしいものをたびたびぶち壊してきました。腹の底から信じられること以外に耳を貸してはなりません。他人からのインプットを評価しないわけではありませんが、ときにはそれを無視するだけの強さが必要だと言いたいのです。強く共感するようなことであれば、助言にも何か大きな意味があるのでしょうが、他人にわかっていないことを自分がわかっているなら、それは強力でほか

---

**のものとは違うので、大事に守ったほうがよいでしょう。だれもが同意するようなことは、おそらくオリジナルな部分のないことです。**
（エヴァン・ウィリアムズ［＊55］）

スタンフォード大学院の学生だったジェリー・ヤンとデビッド・ファイロの二人がヤフー社を創業した頃、ベンチャーキャピタルのセコイア・キャピタル社が既にエヌビディア社を始めていた前出のジェンスン・ファアンに対して「数人のスタンフォード大学院の学生が、インターネット関連のサービスを始めたんだ。知りたいもののキーワードを入れると、ウェブサイトが表示されるサービスなのだが、君は投資すべきだと思うか？」と聞いた。それに対してジェンスンは「あぁ、それはイエローページ（電話帳）みたいなものですね。色々他のサービスもあって、僕もインターネットは使っていますけど、これがすぐにお金になるとは思えませんね」と答えたそうだ。

セコイア・キャピタルは結局、数億円のお金をヤフー社につぎ込んで大儲けすることになるが、**ジェンスンは「僕はあること（つまり三次元画像処理チップ）の未来に関しては良い視点を持つことができたが、ヤフーなど別の素晴らしいことに関する未来はまったく予見できなかった」と語っている。**

これと同じ時期、前出のガイ・カワサキもセコイア・キャピタル社の共同経営者だったマイク・モリッツから「ヤフーという会社のCEOになる面接を受けてくれないか?」と言われて、「会社も遠くにあるようだし、検索エンジンからどうやってお金が儲かるのかが、僕には分からないよ」といって断ってしまったそうだ。このようにベンチャーを知り尽くした二人であっても、ヤフー社がここまで大きくなるとは想像できなかったのだ。

こうしたことはいつの時代も起こることだが、インターネットブラウザの分野では、最近でも同じことが起こっている。ファイアフォックスの創業者である前出のブレーク・ロスはこう言っている。

---

（ファイアフォックスを作って最も驚いたのは・著者注）ファイアフォックスがいかに簡単に成功したかです。少なくとも、不吉なことを言う人々が何年も警告してきたことから考えると、あっけない感じがしました。私たちは、だれもクライアントをもうダウンロードしなくなるとか、ブラウザは終わったとか、モジラではクライアントを作ることはできないなどと聞かされてきました。ブラウザを作っても無意味だ。市場はすでに独占されている。私たちはそういった声をすべて無視してファイアフォックスを作り上げ、うまくいきました。……

私たちは、ファイアフォックスの一番最初のときにさまざまな人々と話をしま

---

---

した。人々が自分のブラウザに満足していないことは明らかであり、私たちがよりよいブラウザを作れば、彼らにそれを使ってもらえるだろうということはとてもはっきりとしていました。

（ブレーク・ロス［＊56］）

---

いつも起業家は挑戦者でなければならない。**現状維持をしようとする人たち、それがたとえ偉い人であっても、それが業界の権威であっても、その人たちの声に自分の声をかき消されてはならない。**起業家にとっては、自分の思ったように、思い切りやってみることが何より重要なのだ。

## 社長に疲れるときもある。そんなときは、家族と趣味の生活に戻ろう

これまで話をしてきたように、起業するというのは、あるタイプの人たちにとっては非常に充実した人生の過ごし方になると同時に大変なことでもある。起業して、失敗したならば少し休んでまた挑戦すれば良い。では、失敗を重ねて最後に成功した場合についてはどうだろうか。

**会社を大きくし、自分の株式を一部であっても他者に高値で売却し、経済的にも成功した起業家の進路に関しては、主に三つのパターンに分かれる。そのまま大きくなり安定した自分の会社を経営する人たち、起業する前の生活に戻る人たち、もう一度振り出しに戻って別の会社を起業する人たちの三つのパターンだ。**

そのまま自分の会社を続けて経営する人たちに関しては、グーグル創業者のラリー・ペイジやセルゲイ・ブリン、アマゾン創業者のジェフ・ベゾスなどが良い例だろう。彼らはまだまだ現役で自分の会社を経営している。

振り出しに戻って別の会社を経営する人たちの中ではアップルの創業者スティーブ・ジョブズが有名だ。スティーブはアップル社を解任されたのち、一九八五年に高等教育やビ

ジネス市場向けのワークステーションを開発製造するＮｅＸＴ（ネクスト）社を設立して、もう一度起業家の道を歩み始めた。こうしてもう一度起業する人たちについてはこの章の最後のトピックで話をするとして、ここでは「起業する前の生活に戻る人たち」について話をしよう。

**ベンチャー企業、とりわけベンチャー企業の社長の仕事量とストレスレベルは半端なものじゃない。だから、その凄まじい仕事量やストレスを克服するだけのエネルギーレベルを継続的に維持していると、その他多くのものが犠牲になりやすい。**僕も社長として仕事に忙殺され、友人からの飲み会の誘いを断り続けていた結果、友人の数がどんどん減っているのに気づいたことがあった。

人によっては、生まれたばかりの子供と遊ぶ時間も、配偶者とショッピングに行く時間もどんどん減って行くかも知れない。趣味に割ける時間が減っていくこともあるだろう。**そして、人生全体のバランスとして「あれ？　こんなはずじゃなかった」と思う経験をした起業家たちは多いのだ。**どうやらこうした現象は世の中の多くで見られるようで、変化が多いと言われるベンチャー企業の経営や企業再建の現場などからは、似たような声を聞くことが多い。

いずれにしても言えるのは、この疑問に正面から向き合い、真剣勝負を続けるのか、その他犠牲にしてきたものを振り返ってちょうど良いバランスを見つけていくのかを自分で決めるということだ。成功してから起業する前の生活に戻る人たちには、好奇心が爆発して、気づいたら趣味が高じて起業やベンチャーに関与することになり、一生懸命に目の前にある苦難を乗り越えているうちに成功してしまったという人が多い。

そして、**そうした人たちは、気づくとものすごく忙しく、また競争の激しい環境にいることもあり、何かをきっかけにして起業する前の生活に戻りたいと願う。**ペン・コンピューティングのゴー・コーポレーション社というベンチャーで最高財務責任者（ＣＦＯ）を務め、その後ルーカスアーツ・エンターテインメント社のＣＥＯになったランディ・コミサーは、どのように自分が起業する前の生活に戻っていったかについてスピーチで語ったことがある。

---

私がブラウン大学を卒業して、米国ロードアイランド州のプロビデンスという地域に住んでいたころ、私は人生のすべて、特に何かを「経験する」ということに対してとてもハングリーだったんだ。その頃は、ロックコンサートに行ったり、ジョンソン&ウェールズ大学の夜間講座で経済学を教えたりしていた。コミュニティをみんなと一緒に作って新聞を創刊したりしてね。本当にあらゆることにハングリーだった。そして毎日、確かな充実感のようなものがあったんだ。一方で、

---

お金なんか全くなかった。これっぽっちもね。私が進んで経験した一つひとつのことは、全くお金にはならなかった。お金になるなんてことは想像もできなかった。でも、こうしたことの数々を、ものすごい速さで経験したことが、私の人生に充実感を与えてくれたことは事実だ。

もうすこし落ち着いたキャリアを歩み始めたのは、その後のことだ。ある時、会社のCEOになった。週七日、一日二四時間働いてね。でも、そこにはバランスなんて無かった。バランスなんてありようもない。そして、自分が好きなことをやるべきだと思った。だからもっと人生を自分でコントロールできるように変えたんだ。なぜなら自分が欲しいものが見つかったからだ。今、自分はお金を持っている。でもプロビデンスにいた頃と比べて、全然幸せじゃない。それが分かったんだ。「なぜだろう?」と自分に問いかけた。

お金もチャンスもある。おまけに権力もあるのに、なぜなんだって。みんなが欲しがるものを全部持ってる。何を間違ったんだ。何かが偏《かたよ》っている。全体が見えていない。私は人生のある一面しか見ていなかった。お金にはならないけれど、自分が大好きだったことを全くやっていなかったんだ。映画や料理、旅行やサイクリング。そんな素晴らしいことをね。だから人生の方向性を変えた。お金にはならないけれど、自分に充実感をもたらしてくれるように変えたんだ。

――（ランディ・コミサー［＊57］：日本語訳は著者）――

ベンチャーで精神的にも肉体的にも焼き切れるような経験をしたランディ・コミサーの言葉は心に響く。世界一有名なベンチャーキャピタルであるクライナー・パーキンス社の共同経営者として活躍しながら、**ランディが米国きってのメンターと呼ばれる理由は、彼自身の元々の性格や知性だけから来るものではないだろう。それは彼自身の歩んだ道のりの幅の広さと深さによるのだ。だから多くの若者が悩み疲れたとき、彼はメンターとしてそれを救済することができるのだ。**

ここでもう一人、起業する前の生活に戻った人物を紹介したい。アップルのもう一人の創業者、スティーブ・ウォズニアックだ。ウォズはアップル社の前線から退いた後、コンサートを主催して失敗したり、学校教育にも携わっている。ウォズはカリフォルニア州ロスガトス統一学区の子供たちに、無報酬でコンピュータ科学を一〇年近く教え、週末や夏休みには丘の上にある自身のマンションのガレージで授業を行なっていたそうだ。彼は生徒全員に一台五〇〇〇ドル（五〇万円）の「ＰｏｗｅｒＢｏｏｋ（パワーブック）」というノート・パソコンを支給し、さらに数十の学校にコンピュータ室を設置する寄付を行ったという。ウォズはこう言っている。

**成功してしまった後でもっともたいへんだったのは、……実際、私は成功を追求していたわけではないのです。私はなろうと思ってなった起業家ではないですからね。ですから、私にとって、お金には大した意味はありません。すべてチャリティや美術館、子供のグループなど、ありとあらゆるものに寄付してしまいました。私にとって、お金はほとんど悪です。お金は私のやる気のもとではありませんでしたし、アップルに関わらなかったらなっていただろう自分と同じようでいたかったのです。学校に戻って教えていたのはそのためです。アップルがなければ、私は教師になっていたでしょう。**

**（スティーブ・ウォズニアック［＊58］）**

こうして起業家たちは、成功したあとで、自分なりに考え、起業する前の生活に戻っていくのだ。起業家として活躍をした後、色んな経験をした後、こういう選択肢もあるのだということも覚えておくといいだろう。

## 成功した起業家たちの行方：シリアル・アントレプレナー

さあ、いよいよ最後の最後だ。起業家として人生を歩む際、いつも覚えておきたいこととして、成功した起業家の進路に関する三つ目のパターンについて話をしよう。**成功した後、もう一度振り出しに戻って別の会社を起業する人たちの話だ。これを英語ではシリアル・アントレプレナーという。**「シリアル」というのは英語で「連続的な」という意味だから、「何度も何度も起業する人たち」という意味の言葉だ。

あのスティーブ・ジョブズもシリアル・アントレプレナーとしてアップルの後にネクスト社を起業した。ネクスト社は、高等教育やビジネス市場向けのワークステーションを開発する目的で設立された会社だ。スティーブ・ジョブズはアップルコンピュータ社の株式売却で得た七〇〇万ドル（七億円）を出資し、六人のアップル元従業員と共に新会社ネクストを創業したのだ。不思議な縁で、ネクスト社は一九九六年、アップル社に四億ドル（四〇〇億円）以上で買収された。

アップル社が発売しているパーソナルコンピュータ（マッキントッシュ）の現行オペレーティング・システムであるＭＡＣ　ＯＳ　Ｘ（マック・オーエス・テン）の大部分は、ネクスト社が開発したＮｅＸＴＳＴＥＰ（ネクストステップ）というオペレーティング・システムを基盤として開発されている。こうしてネクスト社がアップル社に買収されたことで、スティーブ・ジョブズは晴れてもう一度アップルの社内に戻ることになる。スティーブ・ジョブズがアップル社を追放され、新しい会社を始めた頃について語った言葉を聞いてみよう。

---

アップル社は、二人の若者がガレージで始めた企業でしたが、やがて従業員四〇〇〇人以上を抱える二〇億ドル企業になりました。……しかし私が三〇歳の誕生日を迎えてすぐに、私は会社をクビになってしまいました。……自分が大人になって以来全てをかけて打ち込んできたものが消えたのですから、その頃の私はもうボロボロでした。数か月の間、私はどうしたらいいのか分からず途方《とほう》に暮《く》れていました。

……しかし、やがて私の中で何かが見え始めました。私はまだ自分の仕事を愛していました。アップル社での辛いできごとがあっても、その気持ちは少しも変わらなかったのです。ふられても、あきらめられない。だからもう一度やり直してみようと決めたのです。その時は分かりませんでしたが、後からみると、アップル社を追い出されたことは、人生で最も素晴らしいことだったのではないかと

> 思います。成功者であることの責任や息苦しさが、もう一度、一から始められるという身軽さに代わったのです。
> ……その後五年の間に、私はネクストという会社を立ち上げ、ピクサーという会社を作り、素晴らしい女性と恋に落ち、そして結婚しました。ピクサー社はやがて世界初のコンピュータ・アニメーション映画「トイ・ストーリー」を世に送り出し、今では世界で最も成功しているアニメーション・スタジオになりました。そして思いがけないことからアップル社がネクスト社を買収し、私はアップル社に復帰しました。ネクスト社が開発した技術は、最近のアップル社の復活において中核的役割を果たしています。
> （スティーブ・ジョブズ［＊59］：日本語訳は著者）

何と言ってもシリアル・アントレプレナーとしての大物はジム・クラークだろう。ジムは、これまでに自身が創業した三つのベンチャーをＩＰＯして時価総額一〇〇〇億円以上の会社にすることに成功した。三次元画像処理ワークステーションのシリコングラフィックス社、インターネットブラウザのネットスケープ社、医療情報サービスのヘルシオン社だ。**取《と》り憑《つ》かれたように先の先を行くものを追い続けるジムの姿こそが、シリアル・アントレプレナーの姿なのだ。**ジム・クラークが創業したこの三社は、技術系の企業であるということ、どこかでプログラミングが絡んでいることを除けば、全く違う分野の会社であった。**ジム・クラークは、世の中を見渡すと、まだまだ「修正できる余地が残っている」という感覚を常に持っているようだ。「よくよく考えていくと、自分が間違っているのではなく、世の中が間違っている。だから世の中を変えていこう」というふうにものを考えている。**

前出のマーク・ジャンも、元を辿ればインターネット・セキュリティを行うＷｏｒｌｄｔａｌｋ（ワールド・トーク）社を創業してＩＰＯした後、自分が創業したＩＧＮ社をＩＰＯし、最終的には米国大手メディア会社のＮｅｗｓ Ｃｏｒｐ社に売却した経緯があるシリアル・アントレプレナーだ。彼はずっとこの分野で生き続けたいと言っている。

---

僕は起業家精神というものに感染してしまったのだと思う。それは僕のＤＮＡに元々刷り込まれていたものか、後天的《こうてんてき》に学習したものかは正直分からないけれど、とにかく僕はシリアル・アントレプレナーなんだ。僕は大きな変化の中で継続的に学習することが好きだし、今でもビジネスを通じて世界に何か良い影響を与えたいと思っている。「勝ち目のない戦いにこそ燃える」というか、そういう気持ちを持っているんだ。それが僕を動かしている、何か根源的なものなんだな。

そして、周りを見渡すと、やっぱりこうした気持ちが多くの起業家を動かして

---

いるんだと思う。起業家たちの生態系に溶け込む方法というのは、その人の人生のステージによって変化があっても良いんだ。社長として最前線で戦うだけではなく、多くの会社を側面支援するというのもありだと思うよ。僕が新しく参加しているベンチャー企業でも、そういう付き合い方をしている。その会社では、僕は社長じゃないんだ。でも僕はまだ起業家精神を持ち続けていると思っているし、自分はまだ起業家として成長過程にあると感じている。今でも毎日ベンチャーと接点を持っているしね。起業家としての毎日を楽しんでいるよ。ただそれは社長という役割ではない、というだけなんだ。

（マーク・ジャン［＊60］：日本語訳は著者）

いつか起業家として君たちが成功したとしても、やがてシリアル・アントレプレナーになることで、世の中を「修正できる余地」にもう一度（もう何度でも）気づき、また世の中に大きな影響を与え続けてもらいたい。

# 最終章

「わたしについてこい。金持ちにしてやるよ」

（ジム・クラーク：ヘルシオン社を上場させるまでに、技術者たちに言っていた言葉）

# おわりに

## 日本の起業家たちへのフィンガープリント

昔から方法論に興味があった。母子家庭に育ち、父親の背中といったものから人生の手本を学ぶことができなかった僕は、「男の子」いかに生きるべきか、といったことに関して、ずっと悩みを抱えながら生きてきた。僕の目の前で展開されていた、思いもつかない数々の偶然の中を生き抜いた母の人生は、そもそもダイナミックすぎて、マネしようにもマネなどできないものに思えたのだ。父親がいて、もしその人が同じ会社で30年も働くサラリーマンだったなら、良いか悪いかは別として、何の疑問もなくそれを受け入れることができたかも知れない。しかし、僕の人生にはそういった分かりやすくコピーできそうな例が見当たらなかったのだ。

それでも、不思議とこれまで何とか生きてくることができた。悩みながら毎日を生きていると、僕にはこんな人になりたいと思うような憧れの対象がいつも現れた。ある時それは物理学者のアインシュタインであり、ある時には起業家のスティーブ・ジョブズだった。物理学者や起業家、こうした人たちに、どうやって近づけばいいだろう。目標がセットされれば、それに近づくための階段を作っていくのが僕のやり方だった。物理を真剣に学ぶためには、大学で物理を専攻すれば良い。図書館に物理学の教科書は溢れている。階段はそこにあった。しかし、起業家になるにはどうすれば良いだろう。僕はそうやって、起業家になるための方法論を求めた。

経験者の話を聞くのが近道だと思ったが、僕の周りには起業家などいなかった。身近な人から起業に関する話を聞くことができなかった僕は、書店や図書館に通い、起業家精神というものや、ベンチャー企業を始めてから終わる（？）までの一連のプロセスについて学ぶことのできる書籍を探した。ところが、正直どこを探しても満足のいく内容の書籍を見つけることはできなかった。これほど日本社会に必要な方法論が、なぜ書籍として世の中に普及していないのだろうか。モヤモヤした感覚を持ちながらも、大学院を卒業した僕はいつしかベンチャー企業に飛び込んでいた。他の人が作った会社の代理社長として実際のベンチャー企業を経営しながら、起業というものが一体なんであるのかを、探求したのだ。

しばらく自分でベンチャー企業を経営しながら、米国シリコンバレーの起業家の講演や資料などから要素を抽出《ちゅうしゅつ》する日々が続いた。ヒントや知識を書き記したメモは、数年もすると膨大な量になっていた。ふらっと書店に寄って、まだ起業に関して納得がいく書籍が出版されていないことを確認し、また残念な気持ちになる。なぜ誰もやらないのだろうか。そうこうするうち、メモの分量はさらに増えていき、僕はある事に気づいた。「このメモをまとめれば、もしかすると起業して成功するための方法論になるかも知れない。そうならば、自分で書いたほうが早いんじゃないだろうか」。そして原稿をまとめた僕がかつてこの書籍を自費出版したことは、「はじめに」に書いた通りだ。

この書籍を出版した頃、SCHAFTの中西さん、浦田さんと出会った。僕は二人にこの書籍を渡し、この書籍からできるだけ多くのことを学ぶように伝えた。そして僕は、この二人を助けようと、この書籍の内容に沿って、ステップ・バイ・ステップで、SCHAFTというベンチャーを育ててきた。ベンチャー企業を創業し、どうやって運営するか、何に注意しなければならないのか、この本には、そうしたことのヒントが詰め込まれている。やがてSCHAFTは米国Googleに買収され、見事なEXITを果たした。先方と電話による交渉があったある日、中西さんがこの書籍を持ってテーブルに着いたことが記憶に残っている。書籍の内容、一つひとつが彼の役に立っていたようだ。

この書籍が日本人、特に多くの若い日本人に読まれると良いと思っている。アップル社を創業したスティーブ・ジョブズや、ネットスケープ社を創業したジム・クラークは、間違いなく現代生活の舞台裏のいたるところに指紋《しもん》（フィンガープリント）を残してきた。そして、昔から成功した起業家たちはあらゆる物事の「民主化」を促進してきたのだ。若き起業家たちはいつも、権力者やお金持ちでしか買えなかった「良いもの」を、素晴らしいアイデアと技術を使って、普通の人でも買える「身近なもの」にしてくれた。僕の望みは、これから大きな希望を持って起業する未来の起業家たちにこの書籍を読んでもらい、彼らの人生にフィンガープリントを残すことだ。

それは、起業というものに関する「良き方法論」を書籍という形で安価に提供し、起業を誰しもが人生の選択肢として持てる未来を創造すること、そしてそれは「起業を民主化すること」に他ならないのだ。将来、「加藤さんの本を読んで起業しました」という人がたくさん生まれれば、そこには同時に、富と雇用が生まれているだろう。それは起業家個人にとってのみならず、社会にとって良きことであると信じている。それが僕の喜びなのだ。僕はＳＣＨＡＦＴというヒト型ロボットベンチャーの創造とＧｏｏｇｌｅへの売却に、それを勇気を持って起業した二人の若者の人生に、確かなフィンガープリントを残した。僕の仕事、この本の日本社会における役割は、まだ始まったばかりだ。

最近になって気づいたことがある。それは、この書籍は、僕の母の人生を体系化したことになるのではないか、ということだ。僕がかつてマネすることなど不可能だと思った、奇想天外な母の人生。しかしその人生を生き抜いた母には、何か秘密があったはずだ。母は、なぜあの時、あんな決断をすることができたのだろうか。本人にそれを尋ねることはもう叶わないが、それは偶然の中を生き抜く技術とも言うべきものだったと思っている。そういう意味で、起業に近いノウハウだったのではないか。枝葉のテクニックというよりは、より根源的、人間的なものだったはずだ。だから、この書籍の社会における位置づけが、なにも起業だけに限らず、逆境の中にあって人生に悩む全ての人たちの教科書となればと期待している。

**最後に、あえて言っておきたい。「一度目の起業をするためには、この書籍の内容を読むだけで十分なのだ」と。書籍を読み終わり、どこかで学び足りない気持ちがあるかも知れないが、それは「気のせい」だ。実際に起業してみれば、そしてベンチャー企業を経営してみれば分かるが、事前に一〇〇%すべてを学ぶことはできないのだ。限られた知識で船出《ふなで》し、あとは時代や環境に合わせて、自分を信じてそれを修正していくことこそが、起業家として大切なことなのだから。できるだけ早いタイミングで多くの失敗を経験し、その経験を糧《かて》に社会に大きな影響を与え、自分自身の成功を掴んで欲しい。**

この書籍を最後まで読んでくれて、本当にありがとう。技術者が、変わった人が、逆境の中にいる人たちが、この書籍を手に、きっとこの国を変えていくだろう。勇気を持って立ち上がる人がいるとき、いつも僕はその傍にいたいと思っている。

二〇一四年四月

加藤 崇

# 謝辞

中西 雄飛
株式会社ＳＣＨＡＦＴ 創業者

加藤さんの本に載せるので何か書いて欲しい、とのことだったので、何を書いたものかなとしばらく悩んでいた。そこで、折角《せっかく》なので恐《おそ》らく誰も知らないであろう、私（と浦田）と加藤さんの出会いのエピソード、そこから導かれるベンチャー起業に対する私のざっくりとした考えと加藤さんへのお礼を徒然《つれづれ》なるままに書き連ねてみようと思う。この部分を読もうが読むまいが加藤さんの本編に如何《いか》なる影響もないので、心配しないで欲しい。

さて、出会いのエピソードである。二〇一一年一二月、私の所属する大学の研究室若手ＯＢによる忘年会にて、私の横にたまたま座っていた先輩（※シティーズというＩＴベンチャー企業を経営している川路友博さん）が、「ロボット系でベンチャーを起業しようとしてる人がいれば、投資家を紹介してあげよう」と話を切り出した。その先輩自身も若くしてベンチャーを起業しており、その知人関係で、非常にやる気にあふれた一風変わった投資家（※勿論《もちろん》、加藤さんのことである）がいるので、会ってみないか、とのことだった。

当時の私は、大学での助教三年目をそろそろ終えようとしており、次の人生のステップを考え始めていた。大学の助教の任期は五年であり、その後は大学に残れる保証もなかったためである。昔から（※今もであるが）、どうも私は論文を書くのが苦手で、同期の研究者よりも論文数で勝ち目は全くなく、助教の任期が終わってからの、研究者としての就職活動は難しかろうと漠然と思っていた。

一方、私と同様、ずっと同じ研究室で文字通り〝一つ屋根の下〟〝同じ釜《かま》の飯を食って研究生活を共にしていた〟比類なき天才（と私は思っている）浦田もまた、あまり論文を書くのは得意ではなく（※というよりも興味がなく）、研究者として今後一生過ごしていくかはよく分からない、という状況であった。そこで、よく研究室の深夜に、二人して私の助教の任期が切れるまでお金を貯めて、人型ロボットを売るベンチャーを起業し、名前を売り出そうと与太話をしていたのだった。実際に、このころには漠然と、浦田の大出力ロボット技術を軸として、世の中で最も良く動くアイドルロボットを作り、作った後に秋葉原でデモをして、ＡＫＢ49として、四九人目のロボットダンサーとして売り出そうと本気で思っており（※後で知ったが、ＡＫＢ48は別に四八人いるわけではないらしいので、これは完全に勘違いであった）、既にアイドルらしい艶《なまめ》かしい脚部《きゃくぶ》の設計と機械加工費の見積もりを浦田は完了しており、実際にどのような踊りの振り付けであれば最も自分たちのロボットが踊りやすそうかについての調査を進めていた。

さて、このような状況であったため、この忘年会での先輩の申し出は大変ありがたく、「ぜひ僕たちをその投資家さんに紹介してください」と頼んだのであった。その後、三か月程《ほど》たった二〇一二年三月一五日、先輩の会社の会議室をお借りして加藤さんと初めて会うことになった。勿論、私と浦田の自信作であったロボットアイドルプロジェクトプレゼンを引っさげて、である。当時の私は、ビジネスについて全くというほど常識を知らなかったので、とにかくありのまま、自分たちの思いのたけをぶつけてみよう、と思っていた。当然、ビジネスプランはなし、どうやって儲けるかについては、「秋元康さんやアラブの大金持ちに目をつけてもらえれば、自ずと道が開ける」と書いてあるだけである。

もしかしたら、貴重な時間を浪費させて偉い投資家の方（※恐らく本来であれば凄い時間給で相談に乗ってくれるであろう人に無料で付き合ってもらうので）が怒ってしまうかもしれないが、とはいえ、まずはありのままの自分たちを知ってもらおうと思ったのだ。会議室で初めて出会った加藤さんに対する私の第一印象は、眉目秀麗《びもくしゅうれい》、ハキハキとした物言い、明朗快活、爽やか、でいかにも私のような汚らしいロボット屋（※研究者というのもオコガマシイので、ロボットがすきな変人、という意味で私は良く使っている）とは対極にいそうな人だった。ただ、非常に若い、そして、熱い！というのが私の持つ投資家様のイメージと大きく異なっており、そのおかげで萎縮せずに等身大の自分を紹介できたと思う。

私と浦田の幸運は、ここで加藤さんのような「本当に技術と野心を持った若者を育てたい」と真剣に思ってくれている熱い情熱を持った人と出会えたことだと思う。というのも、あろうことか、この最初の会議で私は加藤さんに逆切れしてしまったのだ（※私はよく逆切れしてしまう癖があるのだけれど）。私の記憶が確かであれば、加藤さんに「君のいい加減《かげん》な気持ちでロボットがしたいということに対して、投資家がお金を出すことはない」といったことを言われ、「僕たちは日夜泊まりこんで誰よりもロボットを愛して開発しているので、いい加減な気持ちでロボットを作ってはいないっ！」と激昂したのだった。加藤さんが言いたかったのは、「ロボットを真剣に作っていない」ということではなく、「ロボットをビジネスにつなげることを真剣に考えていない」ということであったにも拘わらず、当時の私はそこに気づけなかったのである。

本当にそのような風貌も汚らしい若者（※当時の私は週一回しか風呂に入らず、髭も髪も伸ばしたい放題で常にサッカーユニフォームとジーンズを着ており、電車で座れば隣の席には誰も座らない、といった風貌であった、というよりももう三〇過ぎのおっさんだったので若者というには年を食っている気もする）の無礼な物言いに対して、加藤さんは全く怒ることもなく「君たちのような熱いのは大好きだよ、一月に一回会っていきましょう！」と爽やかに答えてくれたのだった。普通なら初めて会って深夜一二時近くまで話につき合わされ（※しかも全然ビジネスの〝いろは〟も分かっていない酷《ひど》いプレゼン）、さらにはあろうことか、怒り出す世間知らずのロボット屋など、一瞬で関係を放棄されてしまっても文句は言えないだろうに。

そして、ここで関係が継続したのが正に株式会社ＳＣＨＡＦＴの誕生の歴史的瞬間だったのではないかと思っている（※タイムマシンでＳＣＨＡＦＴを亡き者にしたければ、このときに私と加藤さんを出会わせなければいいかもしれない）。かくして、その一月後、二〇一二年四月にＤＡＲＰＡロボティクス・チャレンジが発表され、アイドルロボットではなく、このチャレンジに人生を賭けよう、と思って作った熱意押しの起業プレゼン（相変わらず酷いプレゼンではあったと思うが）を披露《ひろう》したところ、加藤さんは私たちに協力してくれることを決意してくれたのである（※この顚末については、加藤さんのホームページに書いてあるので割愛しようと思う）。

その後は、会社がロボット開発できないかもしれない危機に陥ったり、開発資金がショートしそうな危機に陥ったり、何度も危機はあったが、加藤さんは私たちを見捨てることなく非常に親身になってサポートして下さり、そのおかげで今の私たちがあると感じている。まさに、こうした激動のベンチャースタートアップをどのように生き抜くべきかについては、加藤さんご自身の経験を踏まえた本書を是非《ぜひ》読んで頂きたいと思う。

私が敢《あ》えてこの場を借りて言えることがあるとすれば、これからベンチャーの起業を志す方がいるならば、とにかく自分と仲間を信じて「やりたいことをやる」ことを薦める。私たちの会社のように「ロボットを作りたい」という少年じみた自分たちの願望・野心を続けられるような幸せなケースは確かに少ないかとは思うけれど、折角自分の人生を賭《と》したのだから、やはり自分の性根に嘘つくことなく正直に進んでいくことがいいのではないかと思う。自分の性根から本当に信じていることをやり続ければ、いつか誰かしらその言葉に共感してくれる人たちが生まれてくるし、逆に、一見自分しか信じていないような、世間一般に言われているようなありきたりなこと〝でない〟という特異性にこそ価値が生まれてくるのだと私は思っている。「人に信じてもらうにはまず自分から」が大前提なのだと私は思う。

また、一方で、ベンチャーを支援する投資家の方々に対しては、できれば是非ある程度のリスクを取って、現時点では全く市場が開けていない分野であっても、技術が世界で飛びぬけているのであれば、それを支援する、ということに踏み出して頂ければ、と思う。これは私たちが本当に痛感したことであるが、私の会社のロボット開発について多くの投資家の方は、「技術は確かに凄い、凄そう」「だけど、お金にならなそう、なるとしても時間がかかりそう」とコメントされて私たちの前から去っていってしまった。勿論、皆が皆そうではなく、加藤さんのように私たちを支援してくださった投資家の方々はいるのだけれども。

日本の技術をさらに育てていくには、より多くの投資家の方に、もっとリスクを取って、時間がかかりそうでコストがかかりそうな技術にも投資をして育てて頂くことがとても重要なのではないだろうか、と痛感している。「このようなことは当たり前ない、お前に言われなくたってそうするつもりだ」と皆さん思われているかもしれないが、金食いベンチャーを起業した現場の人間の戯言として耳を傾けてくだされば非常にうれしい限りである。本書はベンチャーを起業する人向けかもしれないが、加藤さんのような〝熱い投資家・インキュベータ〟を世の中に増やす、という意味において、投資家の方にもご一読して頂ければ、と個人的には思っている。私から言えるのはこれくらいだ。

最後になるが、流行のソフトウェアベンチャーではなく、日本のベンチャー史の中でも非常に金を食いつぶしそうな株式会社SCHAFTというヒューマノイド開発会社を信じ、常に熱意を持って私たちを指導し、支えてくださった加藤さんに感謝の意を表したい。間違いなくあなたが二〇一二年四月に私たちを後押ししてくださったおかげで、起業する決意が固まりました。本当にありがとうございます。

中西雄飛　2013／10／14

## 【主な参考文献・資料】


＊０：（各章の冒頭文）マイケル・ルイス著『ニュー・ニュー・シング』、日本経済新聞社、二〇〇〇年

＊１：ティナ・シーリグ著『20歳のときに知っておきたかったこと』、阪急コミュニケーションズ、二〇一〇年

＊２、59：「Steve Jobs' 2005 Stanford Commencement Address (with intro by President John Hennessy)」、http://www.youtube.com/watch?v=Hd_ptbiPoXM&feature=related、スティーブ・ジョブズ、二〇〇八年五月一四日

＊３：「Anita Roddick Interview」、アニータ・ロディック

＊４：ジョン・Ｆ・クラウリー著『奇跡は起こせる』、宝島社、二〇一〇年

＊５：「5 Must-Haves of an Entrepreneurial Career」、http://ecorner.stanford.edu/authorMaterialInfo.html?mid=1651、グレッグ・ワードルフ（from Stanford Technology Ventures Program）、二〇〇七年二月一四日

＊６：「Entrepreneurs Will Create the Future」、http://ecorner.stanford.edu/authorMaterialInfo.html?mid=2768、リード・ホフマン（from Stanford Technology Ventures Program）、二〇一一年六月三〇日

＊７、12、19、41、43、54：「Vision Matters」、http://ecorner.stanford.edu/authorMaterialInfo.html?mid=2212、ジェンスン・ファン（from Stanford Technology Ventures Program）、二〇〇九年四月八日

＊８、16、50、51：ジェリー・カプラン著『シリコンバレー・アドベンチャー――ザ・起業物語』、日経ＢＰ出版センター、一九九五年

＊９、38：古田龍助著『ベンチャー起業の神話と現実』、文眞堂、二〇〇二年

＊10、17、18：梅田望夫著『ウェブ時代　５つの定理』、文藝春秋、二〇〇八年

＊11：「A Panorama of Venture Capital and Beyond」、http://ecorner.stanford.edu/authorMaterialInfo.html?mid=2373、マーク・アンドリーセン（from Stanford Technology Ventures Program）、二〇一〇年五月一二日

＊13：「The pmarca Guide to Startups, Part 1: Why Not To Do a Startup」、http://pandawhale. com/post/18395/the-pmarca-guide-to-startups-part-1-why-not-to-do-a-startup-pmarca-archive、マーク・アンドリーセン、二〇〇九年一〇月一二日

＊14：「Career Advice」、http://ecorner.stanford.edu/authorMaterialInfo.html?mid=1280、ジョン・ドーア（from Stanford Technology Ventures Program）、二〇〇五年二月二日

＊15：ランディ・コミサー著『The Monk and the Riddle』、Harvard Business School Press、二〇〇一年

＊20：「Follow Your Passions」、http://ecorner.stanford.edu/authorMaterialInfo.html?mid=48、ジェフ・ホーキンス（from Stanford Technology Ventures Program）、二〇〇二年一〇月二三日

＊21：「Young at Heart: How to Be an Innovator for Life」、http://ecorner.stanford.edu/authorMaterialInfo.html?mid=2054、トム・ケリー（from Stanford Technology Ventures Program）、二〇〇八年一一月一二日

＊22：「7 Tips on Better Brainstorming」、http://www.openideo.com/blog/seven-tips-on-better-brainstorming、二〇一一年二月二三日

＊23：「Macworld Boston 1997」、スティーブ・ジョブズ

＊24、49、60：「Phases of a Startup」、http://ecorner.stanford.edu/authorMaterialInfo.html?mid=1678、マーク・ジャン（from Stanford Technology Ventures Program）、二〇〇七年四月一八日

＊25：ガイ・カワサキ著『The Art of the Start: The Time-Tested, Battle-Hardened Guide for Anyone Starting Anything』、Penguin Books、二〇〇四年

＊26、27、28、31、36、39、40、42、44、46、47、48、55、56、58：ジェシカ・リビングストン著『Founders at Work』、アスキー・メディアワークス、二〇一一年

＊29、33：ジェフリー・ムーア著『キャズム』、翔泳社、二〇〇二年

＊30：スティーブン・ブランク著『アントレプレナーの教科書』、翔泳社、二〇〇九年

＊32：「Social Entrepreneurship Changing Education」、http://ecorner.stanford.edu/authorMaterialInfo.html?mid=2590、ウェンディ・コップ（from Stanford Technology Ventures Program）、二〇一一年一月一二日

＊34：「How to Build a Successful Company」、http://ecorner.stanford.edu/authorMaterialInfo.html?mid=1901、ミッチ・ケーパー（from Stanford Technology Ventures Program）、二〇〇八年一月一六日

＊35：「Selling the Dream」、http://ecorner.stanford.edu/authorMaterialInfo.html?mid=276、ガイ・カワサキ（from Stanford Technology Ventures Program）、二〇〇三年二月一九日

＊37：ピーター・ドラッカー著『ネクスト・ソサエティ』、ダイヤモンド社、二〇〇二年、『イノベーションと企業家精神』、ダイヤモンド社、二〇〇七年

＊45：ジェフリー・A・ティモンズ著『ベンチャー創造の理論と戦略』、ダイヤモンド社、一九九七年

＊52：「Solving Problems Makes a Great Business」、http://ecorner.stanford.edu/authorMaterialInfo.html?mid=2480、ダン・ローゼンスウェイグなど（from Stanford Technology Ventures Program）、二〇一〇年一〇月六日

＊53：「Leadership and Choice」、http://ecorner.stanford.edu/authorMaterialInfo.html?mid=1679、カーリー・フィオリーナ（from Stanford Technology Ventures Program）、二〇〇七年五月二日

＊57：「Balancing Your Life and Your Career Successfully」、http://ecorner.stanford.edu/authorMaterialInfo.html?mid=998、ランディ・コミサー（from Stanford Technology Ventures Program）、二〇〇四年四月二八日

本文デザイン　森杉　昌之
装　　幀　新潮社装幀室

加藤 崇
かとう・たかし

246キャピタル株式会社 代表取締役
株式会社加藤崇事務所 代表取締役

1978年東京都武蔵野市生まれ。早稲田大学理工学部応用物理学科卒業。オーストラリア国立大学経営学修士（MBA）。

株式会社東京三菱銀行、KPMG日本法人を経て、
技術系ベンチャー企業の代表取締役（社長）、
高級スーパー「成城石井」と焼肉の「牛角」の持株会社役員などを歴任し、
株式会社加藤崇事務所を設立。その後、
2名の元東大助教と共にヒト型ロボットベンチャーの株式会社SCHAFTを共同創業、
取締役CFOとして米国Google Inc.への売却に成功。
2014年1月、日本の大学・研究機関に埋もれる技術をベンチャー企業として
切り出すことを目的とした投資会社、246キャピタル株式会社を設立。

---

未来《みらい》を切《き》り拓《ひら》くための5ステップ
——起業《きぎょう》を目指《めざ》す君《きみ》たちへ——

発行 2014.4.20
2刷 2014.5.10

著者 加藤 崇 かとう・たかし

発行者 佐藤隆信
発行所 株式会社 新潮社
〒162-8711東京都新宿区矢来町71
電話 編集部 03-3266-5611
読者係 03-3266-5111
http://www.shinchosha.co.jp

印刷所 株式会社 光 邦
製本所 株式会社 大進堂

乱丁・落丁本は、
ご面倒ですが小社読者係宛お送り下さい。
送料小社負担にてお取替えいたします。
価格はカバーに表示してあります。

ISBN978-4-10-335611-0 C0034